广西壮族自治区图书馆 编著

广西传统村落

广西科学技术出版社

· 南宁 ·

图书在版编目（CIP）数据

广西传统村落 / 广西壮族自治区图书馆编著 .
南宁 : 广西科学技术出版社，2023. 12. -- ISBN 978-7-
5551-2096-4

Ⅰ . K926. 7

中国国家版本馆 CIP 数据核字第 2024FS8823 号

GUANGXI CHUANTONG CUNLUO

广西传统村落

广西壮族自治区图书馆　编著

策　　划 : 何杏华　　　　　　　　责任编辑 : 秦慧聪
责任校对 : 夏晓雯　　　　　　　　装帧设计 : 韦娇林
责任印制 : 陆　弟

出 版 人 : 梁　志
出版发行 : 广西科学技术出版社
社　　址 : 广西南宁市东葛路 66 号　　　邮政编码 : 530023
网　　址 : http://www.gxkjs.com

印　　刷 : 广西民族印刷包装集团有限公司
开　　本 : 889 mm × 1240 mm　　1/32
字　　数 : 152 千字　　　　　　　　印　　张 : 6.625
版　　次 : 2023 年 12 月第 1 版
印　　次 : 2023 年 12 月第 1 次印刷
书　　号 : ISBN 978-7-5551-2096-4
定　　价 : 68.00 元

编委会

暖暖远人村

村落在中国有着悠久的历史。

当中华先民摸索出种植作物和饲养动物的方法，可以定居一地，不再需要因为食物而四处迁徙时，早期村落便逐步演变形成。在历史长河中，村落随着农耕社会的发展而发展，又随着工业社会的兴起而式微；见证了大唐的盛世，经历了清末的贫弱，又迎来了如今大国的崛起。

历史悠久的村落走过漫长的岁月，蕴藏了丰富的历史信息，形成了独特的风情民俗。它们或依山傍水而建，与大自然融为一体，体现中国传统的"天人合一"人生观和自然观；或秉持礼制宗法观念，累世聚族而居，厅堂厢房体现内外有别、尊卑有序；或融合儒道哲学、五行八卦，栽树挖塘以藏风聚气，祈愿村庄绵绵不息……

它们像不说话的深沉历史，古朴厚重；又像悠闲浪漫的田园诗，清澈淡雅。它们有一个统一的名字——"中国传统村落"。中国传统村落被誉为"传统文化的明珠"和"民间收藏的国宝"，是我国乡村历史、文化、自然遗产的活化石和博物馆，是中华优秀传统文化的重要载体和中华民族的精神家园，也是中华民族最深的根。

广西的传统村落别具特色。广西地处中国西南边陲，地形地貌复杂多样，有丘陵、山地、盆地、平原和海岸等，其中，山川景观特别丰富，以桂林山水为代表的喀斯特地貌极负盛名。广西又是一个多民族地区，境内有壮族、汉族、瑶族、苗族、侗族、仫佬族、毛南族、京族、回族、彝族、水族、仡佬族 12 个世居民族，各民族之间相互融合，形成了独特的文化

1

景观。因此，广西的传统村落，兼具秀美风景与民族风情，极具岭南文化的底蕴与魅力。

然而，这么美丽的传统村落，却是"养在深闺人未识"。随着社会的发展，城乡人民生活方式的改变，特别是城镇化进程的加快，传统村落以及附着其中的历史价值、文化特性在迅速瓦解、消失，令人痛惜。图书馆作为公共文化服务体系的重要组成部分，有责任传承中华优秀传统文化。而发掘传统村落的历史文化价值，促进传统村落的保护和开发利用，既可保护传承历史文化遗产，又可推动新农村文化建设。为此，我们策划、制作了《广西传统村落》系列专题片，并编写了《广西传统村落》一书。

本书收录20个列入中国传统村落名录的广西传统村落，参考了《广西岭南民居寻踪》《品牌广西》等书籍及各地方志，通过细腻的文字、精美的图片、好看的视频，挖掘并展示其中蕴含的悠久历史文化、精湛建筑技艺、独特风土人情。其中，有曾经水运兴盛、商贸繁荣的百年商圩——南宁市江南区江西镇扬美村；有撒播革命的火种，曾为灵山县的解放事业作出巨大贡献的著名革命老村庄——钦州市灵山县新圩镇萍塘村；有秉承好学、礼信之风，进士、举人辈出，远近闻名的"进士村"——玉林市玉州区高山村……它们或矗立于山间，或散落于旷野，至今依然散发着浓郁的乡土气息，凸显着中华优秀传统文化千姿百态的内涵。阡陌纵横，炊烟袅袅，淡淡的人间烟火味道，是否可以勾起你的思绪，治愈你的疲倦，填补你的乡愁？

若你能在惊艳它们的美之时，了解广西人民真实的生活，看到广西人民应对社会发展变化的态度、对生活的热爱，我们会深感欣喜！若你还能从中感受到我们保护民族文化、推动乡村旅游、助力经济发展的决心，从而为传统村落的保护和利用、传统民族民俗文化的保护和传承尽一份力，我们则会更加欣慰！

广西壮族自治区图书馆

2023 年 12 月

目 录

○
○

扬美村：百年商圩　向美而生 ··· 1

蔡　村：向明而治　书香百年 ··· 14

古民庄：夯土壮寨　田园居所 ··· 24

白雪屯：花山岩画　时间护卫 ··· 33

笔山村：花屋秘境　人文传奇 ··· 42

花梨屯：桃花仙境　天然氧吧 ··· 52

高山村：高山青云　书馨世袭 ································ 60

萝　村：青山秀水　书香风流 ································ 72

苏　村：古乡古韵　百年书香 ································ 82

萍塘村：七星古荔　红色传承 ································ 90

大芦村：古荔映红　古联传家 ································ 99

那厚村：青山秀水　积善传家 ······························ 112

盛塘村：天涯海角　珊瑚村落 ······························ 118

老屋村：千年古樟　围屋传世 ······························ 128

龙脊村：梯田原乡　山脊巨龙 ······························ 140

江头村：青莲绽放　君子高风 ······························ 151

旧县村：秘境古韵　深藏心间 ······························ 163

渔　村：烟雨朦胧　水墨村庄 ······························ 174

下古陈村：神秘坳瑶　鼓不离舞 ·························· 183

龙腾屯：百年龙腾　奇特三宝 ······························ 195

扫码探秘传统村落

扬美村：

百年商圩　向美而生

　　左江一路奔流而来，经龙州、崇左、扶绥流到南宁市境内，突然华丽回旋，舞出一湾清丽。河湾上，矗立着百年商圩——扬美村。明朝著名旅行家徐霞客曾称赞这里江湾雄伟、奇石瑰丽，从此便有了"北有阳朔，南有扬美"的赞誉。

　　扬美村地处南宁市西南部，左江下游，为南宁市江南区江西镇下辖行政村，村域面积 6.5 平方公里。据史料记载，扬美村最初由李、刘、罗、陆四姓人家所建，因白花遍地，名"白花村"。后为北宋名将狄青所部驻屯，因清溪环绕、扬波逐流，易名"扬溪村"。明清时期，扬溪村发展成圩，是左江上的重要商贸节点。因人心向美，更名"扬美村"，沿用至今。

　　左江水面宽阔，水流量大，自古以来就是优良航道。扬美村依靠得天独厚的优良河湾码头条件得到发展，最兴盛时，曾设有梯云埠码头、金马埠码头等 8 个码头，供货物转运、行商落脚。一直到民国时期，扬美商贸都比较繁荣,《南宁市志》中称扬美圩"民国年间为左江下游土特产集散地,商业繁荣,有'小南宁'之称"。扬美籍的清朝举人杜元春曾写诗描述当时水运的兴盛:"大船尾接小船头,南腔北调语不休。入夜帆灯千万点,满江钰闪似星浮。"

扬美村航拍图

今天，扬美村已经发展成有 5000 多人的村庄，村民姓氏也增加到 34 个。虽然曾因水运衰落而一度黯淡，但是现在的扬美村正在焕发新的活力。扬美村 2010 年被评为第五批"中国历史文化名村"，2012 年被列入第一批中国传统村落名录，2016 年入选"全国最美古村落"名单，2022 年被列入第一批广西地名文化遗产千年古村落名录。

百年商圩的繁华岁月

百年商圩的兴盛，人文传承的久远，带来历史的厚重。扬美村共有临江街、解放街、共和街、永安街、和平街、振兴街、中山街以及新民街 8 条古街。

临江街一景

临江街建于清道光十四年（1834 年），是远近闻名的"清朝一条街"。街面的青石板路如今依旧光洁如洗，是扬美村保存最完好的街道之一，透出历经岁月磨砺的厚重。街道因临左江而得名，靠近多个码头，与金马街为邻，生活便利。沿街房屋有飞檐，配上陈砖旧瓦，含蓄内敛中彰显着往日盛景。

有句话叫"无商不奸"，但是这句话在扬美就行不通了。早在清嘉庆十九年（1814年），正是扬美水路运输发达、市场繁荣的年代。当时，扬美的市场管理机构在古市场振兴街立了一块石碑，名为《通乡士庶设立禁约永远碑记》，也称为"清朝禁碑"，内容主要包括屠宰、零售、公秤、铺面、地租、客商歇宿、街市通行等圩市经商者的行为规范。管理机构通过立碑的形式，规范了人们的交易行为，维护了市场的正常秩序。这说明，在重农抑商的清朝，扬美一地的商业贸易依然生机勃勃。

《通乡士庶设立禁约永远碑记》碑刻局部图

扬美村另一条著名的商业街——金马街，是贯穿扬美的南北向大街，属于扬美的轴心，旧时称为精诚街，商铺林立、生意兴旺。金马街中部的三角市场是扬美的"闹市区"，也是现在扬美的中心市场。杜元春之诗《扬美风光》云："房屋连栉毗，石路好行人；集市呼三角，喧哗闹早晨"，

金马街街景

记述了金马街三角集市的热闹繁华。如今，村民们仍然在这里交易每日所需，续写着往日的繁华篇章。

金马街三角集市依然是村民交易的地方

最美古村的向美崇学

商业的兴盛，意味着富庶。扬美兴盛于明清，富裕之家便于此时修建了众多的宅邸、宗祠，以安身立命、光宗耀祖。步入扬美，七柱屋、五叠堂、魁星楼、梁烈亚故居等明清古宅鳞次栉比，引人流连。

七柱屋是村中年代最久远的房子，是一座明朝民居。屋内柱多且细，用七根圆木作屋柱，从大门直到屋里，两边平衡布局，撑起房梁和屋顶。

五叠堂是村中面积较大的一座民居，建于清嘉庆年间。五叠堂坐西北朝东南，共有五进、四个天井，为硬山顶砖木结构，其中第五进为上下两层。五叠堂设计精巧，从大门往里看，每一进都要比前面一进高一点，有"步步高升"之意。因其层层叠叠的视觉效果，故而得名。其门梁上曾挂有"大夫第"的牌匾。在屋檐下侧及房梁周围，留存有许多表富贵吉祥之意的壁画，如祥云、青松、白鹤、牡丹等，生动形象，栩栩如生。除第五进外，其他四进构造形制相似，均为高屋顶、宽房厅，雅致明亮。从整体来看，五叠堂建筑四平八稳，承重柱下立有太平鼓，俗称"四平八稳太平鼓"。受中原文化的影响，五叠堂在建筑设计和使用功能上充分体现了平话人的文化习俗。五叠堂因突出的历史艺术价值，于 2017 年被公布为南宁市文物保护单位。

五叠堂俯瞰图

魁星楼又称"文昌阁"，是扬美的标志建筑。魁星楼始建于清乾隆元年（1736年），重建于1752年，蕴含扬美人崇学、祈祝本地多出人才之愿。2009年，魁星楼被公布为广西壮族自治区文物保护单位。魁星楼现存主体建筑为重檐歇山顶砖木结构阁楼，楼通高15.3米。门两侧有"天宝物华臻胜意，地灵人杰慰先贤"的对联。檐口及屋脊均饰以精美的雕塑。最上层的小阁楼正面开有两扇小圆窗，上方匾书金字"魁星楼"。阁楼顶横梁有一块匾，上书"文明"二字，为清道光年间解元梁德显手书，具有一定的历史价值、艺术价值和文化价值。魁星楼不仅见证了扬美村明清两代六进士、五举人、三十多贡生的人才辈出，而且也是辛亥革命的重要策源地之一。辛亥革命前夕，广西同盟会党三首领黄兴、王和顺、黄明堂在此开会部署桂南各地推翻清朝的革命武装斗争。

魁星楼

魁星楼屋脊上精致的鱼尾飞龙

魁星楼的屋檐

　　梁烈亚故居在五叠堂的不远处，始建于清朝中期。梁烈亚故居1922年被大火烧毁后，于1929年重建，2001年被公布为南宁市文物保护单位。建

梁烈亚与孙中山先生的合影

筑坐北朝南，为抬梁式硬山顶砖木结构，有四开间，屋内还保存着清末民初时期的桌、椅等家具。屋子的主人是梁烈亚与其父梁植堂。梁烈亚15岁时，便跟随父亲参加了孙中山领导的镇南关起义，后又在广州创办《新广西》月刊、在梧州创办《新广西日报》。他还根据自己的亲历亲闻，写下了大量辛亥革命的历史资料。梁烈亚故居是两位辛亥革命仁人志士的家园，又是孙中山领导的镇南关起义筹备会议的会址之一，是南宁市唯一留存的辛亥革命纪念旧址。

　　除此之外，扬美村中还有举人屋、清朝民居、孔庙、观音堂、三

界庙等一大批极具岭南传统特色的明清古建筑。有形的建筑规制空间，而文化的传承则教化人心。扬美村的建筑可以说是一部开放包容的历史，这种良善与人心向美，便镌刻在重视教育、传承历史、读书明理的思想之中。

梁烈亚故居外景

声名远扬的"扬美三宝"

扬美有三宝——梅菜、沙糕和豆豉。工艺精细、用料考究的"扬美三宝"曾因旧时水运昌盛而畅销广西、广东等地，甚至声名远扬至东南亚。

扬美梅菜的原料是新鲜肥厚的芥菜茎叶，经过水煮、浸泡、晾晒、腌制等多道工序制成，色泽金黄，清脆爽口，香气扑鼻。2011 年，扬

美梅菜制作技艺入选第四批南宁市
非物质文化遗产代表性项目名录。
2013年，其传承人梁彩丽被列入
第四批南宁市级非物质文化遗产代
表性传承人名单。

扬美沙糕以糯米粉、白糖、绿
豆粉、芝麻等馅料制作而成，甜而
不腻、香甜可口、入口即化，适合
作为伴手礼。2012年，扬美沙糕
制作技艺入选第四批自治区非物质
文化遗产代表性项目名录；2015
年，其传承人杨文凯被列入第四批
自治区级非物质文化遗产代表性传
承人名单。

扬美豆豉的原料是黑豆、食盐
等。上好的豆豉光泽透亮，颗粒饱
满，香味浓郁，为佐料之佳品。上
百年来，扬美豆豉出现了"广成
号""建华号""杜家坊"等老字号
作坊。2010年扬美豆豉制作工艺
进入第三批自治区级非物质文化遗
产代表性项目名录；2011年，扬
美豆豉传承人杜学芬被列入第三批

扬美梅菜

扬美沙糕

扬美豆豉所做的美食

自治区级非物质文化遗产代表性传承人名单。

　　在好客的扬美人招待宾朋的餐桌上，自然少不了用豆豉和梅菜做的菜肴：豆豉焖排骨、豆豉蒸河鱼、梅菜蒸肉饼、梅菜沙骨汤……咸、甜、鲜、香，不同佳肴各具特色，令人食指大动。

　　千年过去，左江日复东流。扬美村曾经的繁华已逝，带不走的，是古老街巷、陈旧宅院，是悠悠时光留下的印记，也是留给旅人的一方惬意与安宁。

延伸阅读

民族民俗

平话

　　平话是汉语中的一种方言。在南宁市江南区，约 30 万人以平话为母语，并以此为基础形成了独具特色的江南平话文化。2014 年，江南区被中国民间文艺家协会命名为"中国平话文化之乡"。扬美村讲平话的历史有千年之久，为平话的流传和发展作出了不小的贡献。《广西汉语方言研究（上）》曾写道："人们除了把自己说的话自称为平话以外，还有各种别称……源于地名：亭子话……扬美话、灵湾话……广西南部自称为'平话'的语言差别不大，南宁以西、以南、以北的左江和右江沿岸，以及钦州、上思、武鸣一带平话者都公认南宁市郊区的平话最'正宗'，因为他们大多是从南宁市郊区搬迁到各县去的。"近年，江南区在亭子码头至扬美码头一带打造沿江经济风光带，将亭子渡、莫文骅故居、广西土地改革历史博物馆、扬美古镇等景点串连成线，作为红色研学旅游区，推动邕州文化、邕江文化、平话文化等提质升级。

唱春牛

唱春牛是扬美村流行数百年的民俗，它以歌唱为主，个人领唱众人和，动作为辅，边唱边跳。其内容多与农事相关，反映了古代壮族人民以农为本的传统和他们对美好生活的向往和追求。其曲调抑扬顿挫，时而朴素，时而婉转，时而奔放，时而悠扬；歌词讲究押韵，通俗易懂，深受扬美人民的喜爱。如今，唱春牛的歌唱内容已经包含生活各个方面。按照习俗，每年农历正月初一至十五，是民间剧团"春牛队"最忙碌的时刻，他们一般先在晒谷场或草坪表演一番，然后进入农家，看到什么事物就唱什么事物，体现了村民团结劳作、勤于生产的精神，场面喜庆热烈，十分有趣。

抢花炮

抢花炮是一项长盛不衰的扬美传统健身娱乐项目，具有一定的对抗性和刺激性，一般于每年农历正月十五的黄昏举行，竞争激烈，场面热闹，活泼有趣，吸引了众多民众和游客观看。抢花炮一般在宽阔平坦的地方举行。在平地设一地炮，用藤条编成圆圈放在地炮上，地炮炸响，冲击力将藤条抛向天空。当藤条回落时，竞赛者便会上前争抢，谁抢到圆形藤条谁就是胜利者，并得到相应奖励。

龙舟上水节

龙舟上水节是以扬美村为中心，广泛流行于南宁市沿江地区，在赛龙舟的基础上发展起来的传统民俗活动，结合祭祀和体育竞技的水上习俗。

每年端午节，船家人会举行上水仪式，寓意将龙舟放入水下，但是为图吉利，不称"下水"而称"上水"，龙舟上水节因此得名。"龙舟上水"仪式最具特色的是"走龙"。"走龙"队伍由扬美的龙舟队组成，仪式开始由长老率领众人在祭台穿梭，祭拜龙王，保佑龙舟出水平安、风调雨顺，完成后用公鸡冠血为龙头点睛；之后祭祀先祖，鞭炮齐鸣，龙舟比赛正式开始。2014年，扬美龙舟上水节被列入第五批自治区级非物质文化遗产代表性项目名录。

旅游景点

黄氏庄园

　　黄氏庄园始建于清乾隆年间，创建人为黄厚龙，他迁居扬美经商发迹后建此庄园。黄氏庄园因其鲜明的历史及文化艺术价值，于2017年被公布为南宁市文物保护单位。庄园是典型的清代风格建筑，有三进独立庭院，每进分厅、堂、厨，天井采光通风良好，排水系统完善。黄氏庄园总面积900多平方米，堪称扬美"第一豪宅"。其建筑宏伟，古典端庄，雕梁画栋，气势非凡，木雕彩画，装饰精美，令人称奇。

黄氏庄园的壁画

黄氏庄园的精美雕梁

蔡　村：

向明而治　书香百年

扫码探秘传统村落

　　蔡村位于南宁市宾阳县古辣镇，旧属永淳县，夹藏于虞村、李寨村中间（合称"虞李蔡"），背靠大陈村。因居民都姓蔡，故起名为"蔡村"。蔡村 2019 年 1 月被评为第七批"中国历史文化名村"，6 月被列入第五批中国传统村落名录。村中有一座闻名遐迩的书香门第宅院——蔡氏古宅。这座规模庞大的古宅位于蔡村的中心，是一组岭南乡村风格的明清民居，外墙以青砖砌成，墙上苔藓斑斑，门廊处雕刻精美，顶部檐口瓦片翘起。蔡氏古宅由蔡家历代读书人先后修建。2017 年，蔡氏古宅被公布为广西壮族自治区文物保护单位。

一座广西的"深宅大院"

时光荏苒，世事变迁，青堂瓦舍，庭院深深。穿过饮马池，一处大户人家的宅院——蔡氏古宅出现在眼前，这是一座不同于岭南以北常规大户人家的宅院，规矩、朴素、严谨仿佛刻在它的骨血里。蔡氏古宅始建于明朝，后因战争而损毁，现存的建筑大多由蔡氏后人重修。蔡氏古宅历经几百年风雨，现存建筑依旧完好，可以说是一座充满书香气息、古朴规矩、功能完备、包罗万象的典型清代砖木结构民居建筑群。

蔡氏古宅由古宅群、蔡氏书院、小金洋楼及其附属景点组成。三处建筑群均为三进式青砖瓦房，占地约5000平方米，大小房屋180间。蔡氏古宅以单檐硬山顶砖木结构为主，外墙以砖石堆砌，内部以木料构架，形成纵横交错的稳固框架，疏朗美观；布局上则充分考虑了自然光线和空气流动，形成了独特的空间布局和功能区划。

蔡氏古宅设有一座高耸的碉楼，耸立在厢房外围。为了守卫古宅，碉楼四面设有望风口和枪眼，还兼具防火的功能。此外，宅中还设立了私塾、厨房、舂米屋、洗衣埠和守更屋。古宅的长廊多为直线造型，形态狭长，加以迂回环抱的设计，徜徉其中，可以感受到深宅大院的气派。古宅中显示出满满的传统中式审美：山水花鸟的壁画，以金文小篆书写的楹联，犹如鸟兽高翘的屋顶檐角，雕梁画栋的室内设计，以楠木制成、刻上浮雕的厅门，用青砖铺砌"福""禄""寿"字样的外窗等，别具风韵。

奉行家训，读书兴学

蔡氏家族长期以来都十分重视后代教育，采用相当严苛的私塾教育方式，所有子弟皆在蔡氏古宅入口处的蔡氏书院里接受教育。蔡氏书院于明朝中叶成立，曾名兰桂书院，由圣人拜堂、大讲堂、小讲堂、受戒处等处所构成，是蔡家子弟启蒙读书的地方，记载着蔡氏家族数百年的治学遗训。

蔡氏书院中设有"受戒处"，每有贪玩、疏忽学业的学生，就会被授课先生带到此处受训——以戒尺敲打手掌，又用朱砂把眼眶圈起来，意喻"赤眼"，让他无颜回家面见父母。

蔡氏子弟虚岁七岁就要到蔡氏书院求学。求学的第一天，蔡氏子弟都要"碰蒙"。"碰蒙"是指天未亮时，由蔡氏子弟的父母手持灯笼，

蔡氏书院的大讲堂

避开其他人，将子弟引领到学堂里祭拜孔子，举行入学"宣誓"仪式。"宣誓"仪式完毕后，蔡家子弟回到家里祭拜祖宗，吃一顿由鲤鱼、莲藕、葱和米饭组成的早餐，才可以上学。严格的教育方式，让蔡家形成了世代相传、历时不移的读书之风。蔡家子弟秉承家训，发奋读书，世代秉持着对知识的追求。在长期书香环境熏陶下，蔡家子弟在各个领域崭露头角，家族声名远扬。

人才辈出的蔡氏家族

　　蔡村先人是明正德年间从山东青州府迁移到广西来的，繁衍生息至第三代，就出了蔡氏家族的第一个太学生——蔡天泽。正是因为有来自孔孟之乡的尊师重道传统，使这个家族走向诗书传家道统：从先祖蔡天泽开启蔡家攻读诗书的先河后，蔡氏家族的读书氛围开始形成，其孙蔡士瞻为正五品奉政大夫，蔡士瞻的儿子蔡光宗、蔡光烈均为太学生，亦赐赠奉政大夫，蔡

蔡氏书院

光烈的儿子蔡凌霄于清道光二十九年（1849 年）以乡试第四名中举，步入仕途，先后任广东定安、澄海、英德、揭阳等县的知县。

　　森严屋宇周围弥漫的浓厚书香气息，是蔡氏族人对学问的尊重和传承。无论时代如何变迁，爱读书、求上进的态度一直在激励着蔡氏族人不断追求知识和智慧。蔡氏书院先后培养了 200 多名儒生，并有 8 名蔡家子弟考上国子监。

"太学第"后，书香延绵

　　蔡家子弟发奋读书，代有人才出，家族声名远扬，子孙则以书香世家的名义熠熠生辉。此处最古老的建筑毁于清朝咸丰初年的一次兵燹。现存的大部分建筑是清朝举人蔡凌霄及蔡氏家族于清咸丰九年（1859 年）后重修的。此后蔡氏古宅重新绽放昔日光华，书香绵绵，延续至今。

　　据蔡村历史，蔡凌霄以乡试第四名中举，步入仕途，从政后用俸禄回乡重建了蔡氏古宅的古宅群，又在古宅群的第一道门手书"向明"。"向明门"作为古宅群的总大门，又被称为"太学第"。"经元第"与"大夫第"则是蔡凌霄为家族重光打下的根基。"经元第"是古宅群现存最古老的府第，为三进式青砖瓦房，而"大夫第"为四进式青砖瓦房。两处建筑以正厅最高，二、三厅依次略低，以承托正厅。各厅以首廊连接，中为天井，每逢雨天，人们不需打伞亦可通行于各厅之间。

自蔡凌霄之后，一代代在外做官的蔡氏读书人刻苦勤奋，积攒俸禄回乡修建古宅。现存古宅群分为老屋和新屋，老屋为蔡凌霄所建，新屋则由后人相继建成。新屋部分建于清末民初，主要部分"蔡府新第"亦为三进式青砖瓦房，三厅排列整齐有序，严整对称，庄严而富有威势。"小金洋楼"则与众不同，为砖木结构，建筑风格中西合璧，既有中国传统建筑的方正结构，又具有鲜明的西洋古典建筑风格，为今人研究民国时期中西合璧的建筑艺术提供了样本。

流传着琅琅书声的木制建筑

　　古楼窗前咏古章，清风拂面抚书页。充满书香气息的蔡氏古宅虽有不同的建造者，但贯穿其始终的建筑风格却未变：规矩、朴素、严谨。细细看去，诗风书韵中透露着庄严，细枝末节中体现着蔡氏古宅建筑群的疏朗美观。其中最能反映书香世家审美品位的，是严整的对称艺术、具有江南民居风格的木制宅门、清新的木制格扇、精致的木雕，以及氤氲着书香的木制匾额楹联。

　　蔡氏古宅内，大小门窗、木雕、匾额都是以木

蔡氏古宅屋檐下精致的木雕

料制作而成。宅门通常绘有山水花鸟壁画，雕刻篆文，辅以清新的格扇设计，极具江南民居风情。值得一提的是蔡府新第的格扇门，镂空的雕花板墙，加之整面落地木制屏风，显得精致典雅。蔡氏古宅的建造者们利用不同木料的特点，把一块块不起眼的檐板、雀替、枪墩、斗拱等构件设计成生动的工艺作品，如鸟兽形的高翘檐角、廊檐旁精雕细琢环环相托的雀替木雕、屋内祥云状的雕梁画栋、屋檐下斗拱造型融合枪墩元素的梁架木雕……各色不同的浮雕讲述着不同的故事，外窗青砖砌的"福""禄""寿"，寓意着吉祥。

作为声名远扬的书香世家，蔡氏古宅中的氤氲书香，缭绕至今，绵延不息。世代相传、历时不移的读书之风呈现在宅内大量的木质匾联中。蔡氏古宅中，匾额常横置门头或墙洞门上，两旁配置相应的楹联，楹联或竖立门旁，或悬挂在楹柱之上。蔡氏书院高悬"欲高门第需为善，要好儿孙必读书"匾联，"向明门"匾联为"箴言两字惟勤惟俭，正路

蔡氏古宅中的木质匾联

两条日读日耕"，"大夫第"的匾联为"忠厚传家久，诗书继世长"，此外宅中各处还悬挂着"几百年人家无非积善，第一等好事只是读书""移椅倚桐同观月，等灯登阁各攻书""不求金玉重重贵，但愿儿孙个个贤"等匾联。一块块古朴的木质匾联，赋予了古宅厚重的书香氛围。

蔡村周围，沃野千里。这片土地自古以来就是远近闻名的鱼米之乡，历史上曾被称为"不丈垌"，意指此地田连阡陌、沃野千里，难以丈量。有生命的东西，终将进入历史。蔡村的辉煌，早已成为流传四方的故事，漫步其间，仿佛进入一本打开的书册，每一处砖瓦、柱梁，都是词句的组成；每一扇窗户、门廊，都是章节的开启。

屋檐静静俯视，木雕悄悄记录，在一代又一代蔡氏子弟琅琅书声中，岁月无言更替。人间聚散，世事浮沉，于古建而言不过弹指一瞬，留给世人回望的，是绵延百年的书香，以及向阳而生的勇气。

延伸阅读

旅游景点

小金洋楼

小金洋楼是蔡氏古宅中一幢中西合璧、三层砖木结构的小洋楼，建于民国年间，蔡钦孔（字小金）所建，故名小金洋楼。小金洋楼既有中国传统建筑的方正结构，又大量运用圆拱建筑艺术，圆拱的窗户上镶嵌着彩色

小金洋楼

玻璃，像太阳一样光芒四射，水磨石和西洋进口的彩色地砖依稀浮现昔日的豪华气派。

稻花香里旅游区

　　稻花香里旅游区位于古辣镇内，是一个以岭南特色的明清建筑群、古朴清幽的古村落环境和优美恬静的田园风光为特色的旅游景区。稻花香里旅游区总面积43公顷，由人口综合服务区、历史文化体验区和生态农业示范区三大功能区组成。旅游区中，一湾活水连接了三元桥、状元桥等七座小桥，串联了蔡村、虞村、李寨村和大陈村，小桥流水、青砖巷道、古树庭院，村外大片稻田围绕，形成了广西别具一格的水乡美景。

稻花香里旅游区里，沿湖游览线路分别有南迎码头、东启码头、怀中码头、西接码头和北集码头，泛舟游湖，可穿八桥、游水乡，在游船上观赏依水势而建的高低错落、优雅别致的白墙黑瓦明清建筑；陆地游览路线则包含了稻田景观艺术园、蔡氏古院、米酒巷、查房巷、客栈巷、编艺巷、稻香广场、美食广场、后苑桃李、蔡氏名门、古南门等景点。

丰富物产

古辣香米

蔡村位于宾阳县古辣镇，周边沃野千里，盛产古辣香米。2017 年，古辣香米成为中国国家地理标志产品。其身色泽光亮、油润，呈半透明状，米粒大小均匀，具有浓郁的香味，生米品嚼味微甜，煮后柔软浓香，软而不黏，冷不结硬，口感极佳。

古民庄：

夯土壮寨　田园居所

扫码探秘传统村落

　　从广西首府南宁出发，向东北方向驱车大约 70 公里，沿着蜿蜒的盘山公路，爬上一座又一座山坡，便来到一个安静古朴的小山村。

　　这里是南宁市上林县巷贤镇长联村的古民庄，它位于广西第三大山脉——大明山的东麓，面向波光粼粼的湖水。传说村庄后山有一块巨大的石头，敲起来如同擂鼓，当地人将这个村庄称为鼓鸣寨（行政命名古民庄）。该村依山而建，整个村落顺着地势往山坡上延伸，黄墙黛瓦与一望无际的山脉和清澈的湖水恰如其分地融为一体，山中有湖、湖中有山，四周古朴恬静，体现了人与自然和谐共生的悠然与美好。

　　美好的事物值得被珍视。2016 年，古民庄被列入广西第二批传统村落名录；2017 年，成为第二批"中国少数民族特色村寨"；2019 年被列入中国传统村落名录。

远眺古民庄

诗情画意的世外桃源

　　古民庄四面环山，进入村庄还需要经过一段盘山路。在2008年通公路之前，古民庄与外界几乎处于半隔绝的状态。也许是爱这里的宁静无扰，早在宋朝就已经有人在这里居住。现在村里还有100多户约500名村民，但常住村里的只有100多人了。村民全是壮族，主要有陈、韦、苏三个姓氏。

　　古民庄地处大明山山脉，属于亚热带季风气候，一年四季气候温暖，雨水丰沛，即便到了冬季，山上也依旧郁郁葱葱，房前屋后、路边巷旁的花草树木大都挺拔生长，一切都散发出蓬勃的生机。小黄狗摇着尾巴，在村中悠闲漫步；肥肥的母鸡，带着一群小鸡，刨着草里

的小虫子；湖中有成群的
鸭子凫水，偶尔把脑袋伸
进水里啄食小鱼虾……
一幅美好的自然画卷在
古民庄徐徐展开。

古民庄湖中自在嬉戏的鸭子

　　暖暖远人村，依依
墟里烟。狗吠深巷中，
鸡鸣桑树颠。归园田居
是中国人居的美丽传说。古民庄有青山环绕的生气，有清澈湖水的平
静，有质朴醇善的居民，有田园牧歌般的生活氛围，让人不由想起陶
渊明的《桃花源记》："土地平旷，屋舍俨然，有良田、美池、桑竹之属。
阡陌交通，鸡犬相闻……"那令人心生向往的世外桃源，是否就是这
般模样？

古民庄全景图

广西之最：壮族夯土版筑建筑群

古民庄于 2019 年被列入第五批次中国传统村落名录。入选的理由，是其拥有广西保存最好、规模最大的壮族夯土版筑建筑群。古民庄现存 110 多座清朝和民国时期修建的夯土古民居，其中 57 座建于清朝，44 座仍然状况良好。

古民庄土质适合夯筑，且因之前交通闭塞，村中的夯土版筑古民居得以较好地保留下来。

古民居的夯土建筑，需要使用特制的版筑模具，如墙夹、墙槌等。建房要先平整地基，然后将泥土填进木制的模具，多次捶打后加入石灰让泥土发酵；待泥土起了化学反应后，加入泡好的米浆，层层加高，夯筑成型。起外墙时，一般用石灰、沙子、稻草等沤制出灰浆，然后进行粉刷。古民庄夯土民居的重要特征，就是以天井为房屋中心，以黄色的夯土结合青砖建造墙体，屋顶则铺以青瓦。房屋的造型采用四水归明堂的传统方法，一般从大门进去是天井，左边或正对大门是开放式的堂屋，整个房屋形成四合院格局，兼顾了采光及排水需要。当地村民说，这种建筑只要屋顶的瓦片不漏水，地下的水沟清理干净，没有

古民庄中有大量的传统夯土民居

什么污染，就可以保存上百年。夯土民居冬暖夏凉，特别是在南方燠热的夏季，这里有难得的清凉舒爽，是盛夏休闲避暑的好去处。

夯土是古民庄建造房屋的传统方法，有些年纪略大的村民，已经离开村庄多年，可是夯筑土墙的手艺，却仍然记得很清楚。

原生态的家乡

村里还有一个古民湖。古民湖实际上是一个小水库，水域面积不大，据说是由大明山上的清泉汇集而成，湖水清澈见底，孕育着这片土地上的一切。

清澈的古民湖

所谓靠山吃山，靠水吃水，村民在古民湖养殖鸭子，偶尔也下下网、钓钓鱼，改善一下生活。

村里的常住人口以老人和小孩居多。老人们基本不干农活了，有精力时会帮子女照看小孩，青年人则上山种八角、收八角。八角是古民庄主要的经济作物，古民庄周围的山上有大片八角树林。在八角成熟的季节，缕缕辛甜的八角香味随风飘散，闻之令人神清气爽。当天气晴朗时，村民们便会挎上背兜，带上砍刀和铁钩，到自家的八角林采八角。八角树有些年份挂果多，有些年份挂果少，不管收成如何，村民们都会到山林里走一走，看着当年种下的树开花结果，付出的辛劳也算有了回报。

结果的八角

剪不断的乡愁

搬离村庄的人们，也仍然惦记着村庄。每年壮族的农历正月十一灯酒节及三月三（祭拜祖先的日子），出门在外的村民们会回到村寨里，在村中的叠石广场进行以家庭为单位的集体庆祝活动。如在灯酒节时挂灯笼，报新丁，吃团圆饭；在三月三祭拜祖先，唱山歌。

亲情是一条长长的线，儿女虽在远方，但这古老的民居和村落，是过往，是牵挂，是思念的根，是剪不断的依恋。

古民庄较为完备的历史风貌和独特的民居形态，虽远在深山，仍吸引很多人向往。2013年，古民庄通过招商引资，对村庄进行旅游开发，以保存良好的大规模壮族夯土版筑建筑群为亮点，以半封闭的原生态环境为优势，以当地长寿文化为依托，以文化旅游为主题，逐步将古民庄打造成为一个集休闲度假、修身养性、人文景观等元素为一体的养生旅游度假区。2015年，上林县鼓鸣寨养生旅游度假区被评为国家AAA级旅游景区。其所属的长联村也依托古民庄项目带动成为国家旅游扶贫试点村。2019年入选中国传统村落名录后，古民庄吸引了更多关注，专家、学者常来探访，也成为影视及"网红"拍摄外景地。这座夯土而成的古老村落，在城市化的大潮中，日益散发出田园居所的独特魅力。

延伸阅读

旅游景点

大明山旅游区

大明山位于上林、武鸣、马山、宾阳四县（区）交界处，距南宁104公里（大明山林管站）。

大明山具备独特的风景地貌。最高峰龙头山海拔 1760 米，1500 米以上的高峰仍有不少；深谷有达 1000 米左右者，不少陡坡在 80 度以上。有许多参差笔立的柱峰、单斜山，以及形似人物、走兽、飞禽、器皿的岩像；飞瀑破壁直泻，清泉裂地喷涌。"水陈矮林""镆鎁化龙""龙泉飞瀑"等风景引人入胜。雾气蒸腾时，日照人影投射到前面的云雾上，可形成神奇的"仙镜"奇观（在气象学上称为峨眉佛光或黄山宝光），影随人动，堪称一绝。另有一绝是"天际怪声"，实际是大气层的震动声与鸟群鸣叫的混合声，与欧洲莱茵河谷中的"罗累莱女妖的歌声"异曲同工。大明山动植物资源丰富，包括黑叶猴、飞虎（鼯鼠）、苏门羚、林麝等。多种珍稀动物出没于各种形态的森林中，给大自然增添了无限生机。因海拔较高，植被茂密，大明山年平均气温 21℃，而山上只有 14℃。盛夏，山下有超过 30℃的高温，山上一般只有 20℃左右，堪称避暑胜地。

三里洋渡

　　三里洋渡一带的汇水河、清水河清澈萦回，两岸山峰奇特苍翠。奇巧的岩洞中，钟乳石千姿百态。明朝著名地理学家、旅游家徐霞客于明崇祯十年（1637 年）在三里洋渡一带逗留了 50 天，浏览了三里附近的韦龟岩、琴水岩、独山岩、佛子岭、周泊隘、白崖堡、九龙洞、青狮岩、东岩等，并写诗作文称赞。游白崖堡南岩时他曾吟诗一首："洞门千古无人到，古干虬藤独为谁？投杖此中还得杖，三生长与菖坡随。"游韦龟洞时又写道："初入甚隘而黑，西南下数步，透出石隙，忽穹然高盘，划然内朗，其四际甚拓，而顶有悬空之穴，天光倒映，正坠其中……南向拾级而下，碧黛中汇，源泉不竭……平台之前，右多森列之柱，幢盖骈错，纹理明莹，左多层叠之块，狮象交蹲，形影磊落……"（据《徐霞客游记》卷四上·粤西游日记四）

　　这一带还有两处全国著名的唐碑：六合坚固大宅颂碑和智城碑。六合坚固大宅颂碑篆刻于唐永淳元年（682 年），立于今澄泰乡洋渡村麒麟山石牛洞。碑高95厘米，宽64厘米，碑文从右到左竖刻，凡17列，楷书，字径1.2厘米至4.5厘米，每行字数不一，多者达28字，少者仅1字。

智城碑刻于武周万岁通天二年（697年），今仍立于覃排乡爱长村智城山。此碑高164厘米，宽78厘米，为摩崖石刻。碑文从右到左竖刻24行，字径1.5厘米，首行42字，末行32字，其余每行47字，行文1108字。碑的下半部曾被野火焚烧过，有多处蚀剥脱落，致使有些字已无法辨认。

大龙洞风景区

大龙洞风景区包括水库区和电站。水库两岸石山陡峭，峰尖直刺蓝天。大龙洞内有九个大厅，其中的石狮大厅有八九层楼高，可容纳数千人，入洞可见三头怒吼的"雄狮"奔腾而下，直扑不远之处的"猎物"——乌龟；洞边的一头石狮又昂首回视，形成"四狮抢龟"的场面。在另一厅里，还有千姿百态的石马、石羊、石竹、石笋等。另外还有望石洞、云雾厅等，各具神韵，气象万千。

白雪屯：

花山岩画　时间护卫

　　左江边上，游人等待着轮渡，游到江的那头。渡了江，有一条小路蜿蜒曲折，往深处延伸。路的尽头，便是白雪屯。据白雪屯的老人说，很久以前，有一年冬天特别冷，此处向东有一座大山，山上结满冰霜，远远望去，白雪皑皑，人们便给这座大山起名白雪岗，白雪岗旁的小村庄因此得名白雪屯。

　　2019年12月，白雪屯被国家民族事务委员会评为第三批"中国少数民族特色村寨"，是广西第四批被列入中国传统村落名录的村落之一。白雪屯地处桂西南，在崇左市龙州县上金乡卷逢村内，建于清咸丰元年（1851年），呈半岛状，东面环山，其余三面环水。左江自东南而来，环抱着白雪屯，由村东北而去。白雪屯临水的对岸，是连绵不断的峰丛，峰丛之上密集地分布着岩画。

　　进出白雪屯没有陆路，村中人口长期以来全靠摆渡进出。因此，白雪屯长期以来与外界接触不多，村内民居几乎没有太多变化。但一

白雪屯远景

白雪屯全景

座依山傍水的村落，总能多几分生气。白雪屯中多为瓦房小屋，以泥坯砖搭配木头青瓦，大多为穿斗式建筑，式样统一、风格简朴，是一座保存完整的壮族传统村落。在这里没有灯红酒绿，也没有车水马龙，只有秀丽的自然风光和神秘的花山传说。白雪屯中，千重浪般的甘蔗与如画的山水醉倒八方游客，堪称人与自然和谐相处的典范。

渡船来往，见证时光的凝固

　　"白雪一号"是如今白雪屯的摆渡船，迎来送往间，见证了白雪屯和花山的结缘与变迁。一湾碧水，隔绝世事喧嚣，隐匿此处的静美。

白雪屯村口

　　左江两岸的岩画记载着原始而又神秘的历史。在轮渡上眺望，蓝天白云映衬下，青山倒挂江中，两侧山壁陡峭绵延，水波泛出碧浪，两岸林影婆娑。青山绿

白雪屯进村小路

水间，白雪屯村民守护着这原始的岩画已有百余年。当渡船缓缓靠岸，让人不由想起陶渊明的《桃花源记》："林尽水源，便得一山，山有小口，仿佛若有光。便舍船，从口入。"

白雪屯浮于红尘之外，这里的一切格外静谧安详，只剩山木环绕，蔗香云淡。上了岸，沿着小路向村里走去，四周静得出奇，时光仿佛在这里凝固了。屯中四处可见延绵的甘蔗地，高耸的甘蔗如绿色壁垒，沿山而植，随风摇曳，散发着浓郁的甜蜜香气。白雪屯地理条件优越，光照充足、空气湿润，甘蔗汁多味甜，适合制糖。全屯甘蔗种植面积为900多亩，是白雪屯的支柱产业。

村口，一条弯弯曲曲的小路通往村中，旁边整齐排列的甘蔗，如同村中的守卫军，把守着进村的重要关口。村中心是高大的水塔，绝佳的观景地。登上塔顶，整个村

村中高大的水塔

落尽收眼底——村中小径纵横，泥坯房屋、木头青瓦、黄泥砖墙随处可见。

白雪屯中，民居依次而建、排列有序，大部分建筑保留有典型的壮族传统建筑特征，体现着壮族的建筑理念与审美艺术。屯中道路连接着一栋栋泥坯青瓦小屋，小屋外墙装饰着一些壮族风格的图案，屋

檐上挂着玉米和手工制作的工艺品，展现出一种自然、纯朴的美丽。

村中陪伴了几代人成长的老树，依旧郁郁葱葱。树下，老太太们在开心唠家常，小朋友们在嬉戏玩耍，古榕树见证了他们的成长。傍晚，劳作了一天的村民，从甘蔗地收工回家，开始准备晚餐，款待远客。本地自然野生的太阳鱼、实心鲤，加上自家放养的鸡鸭，简单加工烹饪，

小屋外墙的壮族风格图案

黄泥砖墙

味美肉鲜。如果再配上农家自酿的野蜂酒或甘蔗酒，那味道，真是妙不可言。

据白雪屯人介绍，屯里的居民90%以上都是壮族。因交通不便，当地至今仍然保留着传统的农耕打鱼生活方式与壮族传统的生活习俗。若有游客光临，可以体验当地流传已久的竹竿舞、春糍粑、甘蔗酒。随着旅游的开发和游人的增多，村里也建起了特产部落，与外人分享这方山水的自然馈赠。朴实的造型，略显粗糙的手工，让人联想到古老神秘的花山岩画。

与"有画的石山"共生

白雪屯环江而立，江对面即是密集的花山岩画。

2016 年 7 月 15 日，在第 40 届世界遗产大会上，中国申报的"左江花山岩画文化景观"通过审核，获准列入世界遗产名录，成为我国第 49 处世界遗产和第一处岩画类世界遗产，也是广西第一处世界遗产。花山，壮语名为"岜来"，汉译为"有画的石山"。花山岩画是左江流域岩画群的代表，也是目前为止中国发现的单体最大、内容最丰富、保存最完好的一处岩画。白雪屯就立足于以花山岩画为中心的左江流域岩画长廊中。花山岩画体现

花山岩画

出壮族先民古骆越人的绘画艺术成就、丰富的社会生活和勤劳、勇敢、奋斗的民族精神，具有很强的艺术内涵和重要的考古价值。

据村中老人所说，出于对岩画的敬仰，以及村中口口相传的村规民约的传承影响，村民们常年守护着这片祖先留下的宝贵遗产，使得对岸的六个岩画点一直保持着最初的风貌。如今，常年守护着花山岩画的白雪屯也成了花山景区里的一处美丽风景。这座左江山水画廊上

的隐世田园，每一片瓦都刻满了时光的清霜，每一面墙都经历风雨的侵蚀，如水墨画一样斑驳；每一处房梁窗棂，都是旧时匠人留下的艺术品。一块砖、一片瓦，一如故乡记忆中的那些人，鲜明又浓烈。

随着左江花山岩画景观申遗成功，岩画点对岸的白雪屯慢慢进入人们的视野。这片种着大片甘蔗的土地，充满了生机与希望。站在这里，可以感受到大自然的慷慨与村庄的温暖。奇山秀水好人家，曾经与世隔天涯。左江风景谁描绘，壮家儿女夺风华。一个奇迹诞生的浪漫之地，一片独特迷人的世外桃源，如今正在绽放异彩。左江的美，正被世界看见。

延伸阅读

民族民俗

跳竹竿

跳竹竿又称为竹竿舞，是壮族的传统舞蹈，具有悠久的历史和独特的艺术魅力。白雪屯内的大部分居民都是壮族人。当游客来到白雪屯，屯中居民会跳起欢乐的竹竿舞，为他们唱起祝酒歌。竹竿舞的起源众说纷纭，发展至今，其已经成为壮族文化的重要组成部分，可以说是壮族最具代表性的民族活动之一。竹竿舞通常由一组男女舞者共跳，他们手持竹竿，配合音乐的节奏和舞步，跳跃起舞。舞者通过抛掷、荡撑竹竿的动作，展示出别具一格的技巧和协调性。

旅游景点

三洲尾山岩画

三洲尾山岩画位于崇左市龙州县上金乡卷逢村白雪屯，东与三洲头山隔谷相望，西距白雪屯750米。岩画所在的三洲尾山海拔为330米，山的西南面及对岸各有一片舌状台地。三洲尾山与三洲头山属同一组峰丛。

岩画处在该山临江一面宽约50米的悬崖峭壁上，画面方向朝南，高出水面20~25米，岩画现存图像1处4组115个。其中，正身人像12个，侧身人像83个，铜鼓图像10个，环首刀图像4个，有格或有首剑图像2个，渡船图像1个，大类图像3个。人物图像的大小为0.4~1.6米。岩画所属期别分别涵盖了一期、三期。单组画面尺度最大的是第一组，画面宽约8米、高3米，面积约24平方米。三洲尾山岩画于2012年被公布为龙州县文物保护单位，2014年被公布为广西壮族自治区文物保护单位。

三洲头山岩画

三洲头山岩画位于崇左市龙州县上金乡卷逢村白雪屯，北距卷逢屯1750米。岩画所在的三洲头山海拔为250米，江对岸有一块三面环水的台地，山下有狭长的一级台地。岩画分别处在山的临江一面宽约150米的灰黄色崖壁上，石壁略凸出，崖壁略内凹。画面方向朝南或西南，高出水面25~50米，岩画现存图像2处6组86个。其中，正身人像25个，侧身人像48个，铜鼓图像8个，有格或有首剑图像3个，犬类图像2个。

三洲头洞穴遗址

三洲头洞穴遗址位于白雪屯东南面约1200米处的左江右岸三洲头山脚下的岩洞内，遗址南面临江，距江面约18米，洞口前为陡峭的江岸，隔江为一块三面环水的台地，高出江面约13米。西面左江下游约400米处为三洲尾岩画点和三洲尾洞穴贝丘遗址。

台地贝丘遗址

白雪屯台地贝丘遗址位于白雪屯下片西北面的江边台地上，地势较高，台地中、北面为左江，东南距三洲尾岩画点约 800 米，西南距上白雪山岩画点约 500 米，西北距无名山岩画点约 900 米，距下白雪山岩画点约 1000 米。遗址地表可见散布的白色螺壳，分布范围东西长约 80 米，南北宽约 50 米，面积约 4000 平方米。螺壳堆积厚 20~30 厘米。曾在此遗址上采集到石器标本 5 件。根据现场调查及采集到的标本分析，此处应为新石器时代贝丘遗址。

传统美食

春糍粑

不仅在白雪屯，在整个龙州，当地人民都有着春糍粑的习惯。春糍粑一般用家里自种的香糯米，将糯米浸泡一夜后隔水蒸熟，放入石臼中，几人合力用木棒大力冲击而成。这既是一项技术活，又是一项体力活，制作步骤虽简单，但成品香甜诱人。

桄榔粉

桄榔粉以桂西南深山中特有的桄榔树加工而成。据《本草纲目》《海药本草》等古书记载："桄榔粉味甘平，无毒，作饼炙食腴美，令人不饥，补益虚羸损，腰脚乏力，久服轻身辟谷。"桄榔粉具有无脂、低热能、高纤维等特点，并含有铜、铁、锌等多种人体必需的微量元素，有祛湿和滋补之功能。

笔山村：

花屋秘境　人文传奇

　　在距离南宁市约 80 公里的地方，有一个面积约 700 公顷的小乡村——笔山村。笔山村为横州市平朗乡下辖的行政村，原名诗屋山村。明朝初期，朝廷在这里设置了笔山驿，商贾往来，此地逐渐繁华，越来越多的人定居于此，慢慢地便形成了这个小山村。村落始建于明天顺四年（1460 年），因坐落在尖笔山下，于 1922 年更名为笔山村。笔山成村至今已有 500 多年的历史，其凭借文化底蕴深厚、传统建筑保存良好且山清水秀，于 2013 年被列入第二批中国传统村落名录，并于 2015 年被列入第一批广西传统村落名录。

美丽女子的传奇故事

　　笔山村顺应地形，依山而建，高低落差较大，错落有致。村内外多栽种树木，郁郁葱葱。从高处俯瞰，村落宛如群山环抱的一块精石，安睡其中，享天地灵气。村落的位置、朝向、布局大致秉承"前朱雀、后玄武、左青龙、右白虎"的传统建筑布局理念，住宅多以院落为主，宅前挖水塘，宅后植高树，风景如画。村内居民主要为汉族，共有四个姓氏，其中李姓人口占人口总数的99%。

　　笔山村的传统民居保存较为完整。在这里，保存至今的清朝、民国建筑有20多座。4000平方米迷宫一般的围屋建筑，记载着一位美丽女子的传奇故事，也见证着笔山村传承数百年的人文传奇。

鸟瞰笔山村

明朝时期，从宣化南迁而来的李氏家族，最终落脚在这片宝地。经数代经营操持，李氏家族开始崭露头角。与当地四大富豪之一的黄氏家族的联姻，便是李氏家族社会地位提升的明证。

这场盛大联姻中的新郎叫李兆球，为李氏家族始祖李尔清第十代裔孙。新娘便是美丽的传奇女子——黄银娜。黄银娜从小聪明漂亮，是黄氏家族的掌上明珠，非常富有。她主持营建了李氏家族的百年祖屋——笔山花屋。

在中国古代，大型建筑的营建一般很少有女性参与，更不要说是主持营建了。与许多传统建筑男住东厢、女住西厢不同，花屋建筑群里最中心的位置，是黄银娜为自己修建的"凤厅"院落，在"凤厅"的左侧，才是黄银娜为丈夫建造的"龙厅"。这样的规划，在古代的中国，即使不能说绝无仅有，也应该是非常罕见的。

精美惊艳的花屋建筑

笔山花屋始建于清乾隆二十二年（1757年），因时局动荡，直至乾隆四十三年（1778年）才正式完工。花屋是横州境内现存完整、规模宏大、工艺精湛的古代民居群，于2017年被公布为广西壮族自治区文物保护单位。

花屋占地面积6000多平方米，建筑面积4000多平方米，坐西朝东，兼具传统汉族民居和壮族干栏式建筑特色。主体建筑为汉族民居

的包廊围护院落布局，局部建筑又是壮族的两层干栏式建筑风格，三水归堂，汉壮融合，别具一格。整个建筑群共有大大小小 15 个独立却又互通的院落，房屋共 72 间，分为"凤厅"、"龙厅"、佣人院、藏书楼等，由 4 条南北向、2 条东西向的廊道串联为一个整体。乍一看，似乎网格分明、规整有序；实际上，花屋内部是三步一阶、五步一廊，加上房屋墙面高，走廊幽暗，身在其中，只觉曲折往复，状如迷宫。你以为将至尽头，谁料"柳暗花明"，前方又有一条回廊；沿着回廊慢慢前行，另一座院落的主门似乎隐约可见。独行探访，让人不由想起一句诗：密锁重关掩绿苔，廊深阁迥此徘徊。

花屋曲折繁复的设计巧思已经令人惊叹，而遇木必雕、逢石则刻、处处是花的雕刻原则，更是令人啧啧称奇。

花屋里里外外，都装饰有雕刻纹饰。外墙主要是以石灰为主要材料的灰塑，大多雕塑花草树木或是山水田园风景，美丽的同时兼具通风除湿的效果；内墙不惧风雨，便大量装饰色彩鲜艳的壁画；室内是最精工细作的地方，房梁神龛、门窗檐板，无一不刻、无处不雕，龙凤呈祥、龟鹤延年、福禄双全、梅兰竹菊……各种图案数不胜数。其中，最具代表性的是缠枝牡丹纹灰雕窗花。更绝的是，每一间檐下的图案、色彩、花型都有所不同，令人慨叹其内容之丰富、工艺之精湛。

笔山花屋处处雕梁画栋、工艺精致，且处处刻绘形态各异的花草图案，当地人就叫它花屋。远远看去，这些数百年前彩绘出来的图案，如今依旧雍容华贵，古色古香，精美绝伦。

在花屋的众多房屋之中，最精美的两间房子，当属"凤厅"与"龙厅"。其中的"凤厅"，便是整座花屋的"心脏"——黄银娜的正厅。

"凤厅"有三开间，中间为厅堂，两边为厢房。"凤厅"的院落并不大，却异常精致。门槛两边的石础阳雕是犀牛望月的形状，寓意阴阳交融、吉祥如意；正厅木门上的镂空木雕有喜鹊登梅之图案，寓意家宅喜事常至；此外还有大量的牡丹花纹，暗喻着主人的雍容华贵；而随处可见的莲花，似乎又标志着主人的清雅高洁。"凤厅"正房供着木制神龛，神龛正中刻着"双凤朝阳"图案，"凤厅"之名，便由此而来。

双凤朝阳神龛

"龙厅"院落设计和"凤厅"形制相同，不同的是，正堂所立神龛为双龙戏珠，与男主人的身份匹配。与"凤厅"一样，"龙厅"处处雕梁画栋，花

龙形雕饰炉

鸟纹饰琳琅满目，甚至更加注重对细节的打磨，就连门把手也雕成草龙或牡丹纹形，极尽奢华，处处显露出主人的抱负和富有。

花屋基本使用石材与青砖砌成，十分结实耐用。为了安全，整座建筑物外墙十分封闭，仅开有 6 个尺度极小的窗户。这样的一座府宅，可以居住、经商、防御外敌。即使到了抗日战争时期，花屋仍旧为李氏后人提供了安全庇护。1939 年末，1000 多名日本侵略军从钦州途经笔山、滩晚渡口一带，企图增援昆仑关之残敌。当地军民组织了英勇抗击，笔山村民众有 40 人参与了战斗。李氏族人拿出珍藏的粮食分给部队和参与打仗的村民吃，并依靠花屋的屏障，共同御敌。笔山村李氏后人抗击日寇的壮举，既有着来自先祖的忠勇，也来自厚重的家国情怀。

历史悠久的人生礼仪

除了古建筑群落，笔山村及其周围地区还流传着一系列独特且极具地域文化色彩的民间习俗，称为笔山人生礼仪。2014 年，笔山人生礼仪入选第五批广西壮族自治区非物质文化遗产代表性项目名录。笔山人生礼仪于明宣德、成化年间由邕宁天堂村人迁至横县（今横州市）平朗乡诗屋山（今笔山）之时传入，至今已有 500 多年的历史。

笔山人生礼仪，原先是在孩子满月、百日、对周（满一周岁）的时候举办的出生礼，后来进一步提升到人生礼。全套礼仪包含 6 种。一是出生礼：孩子诞生后分别按当天、三朝、满月、百日、周岁举行的庆贺、祈福仪式。二是成年礼：男子 20 岁时举行"冠礼"、女子改变发式做加"笄"。三是婚礼：婚礼包括纳彩、请期、亲迎等 6 个礼仪。

四是孕育礼：怀孕礼，即施巫术祈神求子；育礼有生男女"弄璋""弄瓦"之喜和认寄父母仪式。五是寿诞礼：从60周岁始每十年举办一次的寿礼。六是丧葬礼仪：有孝终、洗礼入殓、出殡、孝期等8个礼仪。

这一整套礼仪贯穿人生的各阶段，集祭祀、娱乐、社交功能于一身，凝聚着宗教、文学、艺术等多种文化形态，有着丰富的文化内涵和深厚的研究价值。

明清时期，笔山村因处于西南交通驿道水陆交汇处的重要位置，成为当时人文经济交流的重要节点。现存的笔山古驿道，虽有斑驳裂痕，遍布青苔，但一块块古石板见证了昔日商贾往来的繁荣，也见证

笔山村古驿道

着古村落的辉煌历史。

　　花屋传世，人生识礼，百年风雨成就了笔山村多姿多彩的人文传奇。今天的笔山村古建筑群，仍在荫庇着笔山村民。而一代代笔山村民，也以对人生的思考和拼搏，回应着先祖的殷殷期许。

延伸阅读

旅游景点

新丁屋

　　新丁屋是由笔山村民集资建设以作为举行人生礼仪的圣地，始建于19世纪末，距今已有120多年历史，其间经多次修缮，修缮内容主要是融入笔山花屋元素，增强特色民俗——笔山人生礼仪的文化内涵。

笔山村新丁屋

古驿道

　　笔山村在明清时期是钦州水转陆至南宁的要塞，是吴山太平盐贩通往峦城、宾州、武鸣、陆斡的必经之路。现存约2公里长的青石板古驿道，共有三个地段。一是新丁路驿道，从百顺堂门前村道向北过花屋正门，沿山脚铺设至新丁坪，约长300米、宽1.5米；二是龙颈坡驿道，从百顺堂门前村道向西沿马路夹过龙颈岭至马路头，约长400米，宽1.5~1.7米；三是文和坡天梯驿道，从百顺堂东侧村道直上文和岭顶，有100多级石阶，曰天梯，长约60米，宽约1.5米。这三条古驿道的路面，从现存遗址来看，都是用5块红砂岩石条铺设，每条石条长75~80厘米，宽35厘米，厚15厘米，约重100公斤。在笔山村西面村道边（古时叫马路头一带），至今还立着一块沾满斑迹的石碑，上面刻有文字："左往那呈新安，右往稔歌。"据村中老人证实，这是一块古驿道的指路石碑，历史很悠久。

笔山村古驿道

村史室

笔山村村史室安静地坐落在郁郁葱葱的林木间一角，位于一栋蕴含着厚重历史气息的老式建筑二楼，这里的藏品满满的都是时代的记忆：竹鱼篓、竹蚱蜢篓、草镰刀、柴刀等代表着笔山村农耕文化；铜盆、"富贵花开"黄漆盒、闺秀椅、麻纺帐等，将清朝及民国时期的生活日常向世人娓娓道来。同时，这里还陈列着抗日战争时缴获的日军军帽、军刀等老物件。此处还有一张显眼的红色榜单，记录村里博士、硕士等英才的数量和姓名。

笔山村老农具

传统工艺

笔山村人文化底蕴深厚，村中老者多擅长书法、木工、歌赋、民曲。同时笔山村有三样传统工艺非常出名：一为木工，笔山村能工巧匠众多，并以此为主要传统工艺传承行业；二为细茶制作，但现今仅存约2亩茶地；三为木油榨坊，土法榨油为笔山村传统手工工艺之一。

花梨屯：

桃花仙境　天然氧吧

扫码探秘传统村落

　　花梨屯位于崇左市江州区驮卢镇，坐落在左江流域。这里古树参天、竹林密布，原生植被保留完好，空气清新、气温宜人，素有"绿色宝库"之称。花梨屯里民族风情浓郁、传统建筑林立，加上得天独厚的地理位置，让这个壮族先民骆越民族的聚居地在2016年被列入第二批广西传统村落名录，2017年被命名为第二批"中国少数民族特色村寨"，2019年又被列入第五批中国传统村落名录。

　　花梨屯地处左江长年累月冲积的丘陵地带，三面环水，一面环山，终年云雾缭绕，雨量充沛，土壤肥沃，适宜农耕。此地山林水域面积是耕地面积和人居面积总和的7倍，原生植被保存完好，空气中负氧离子含量高，堪称"天然氧吧"。

山水环绕的花梨屯

风情浓郁的传统壮寨

　　踏入花梨屯，田园诗意、农田宁静，古朴村落处处是壮族风情。漫步小径，一排排古朴别致的青砖青瓦结构和土夯青瓦结构的壮族传统建筑竖立其中。这里的建筑一般有两进，分为正屋、厨房及天井，采用青瓦仰合冷摊屋面，片石砌筑墙基，使用青砖、土坯砖及黄泥土筑成墙体，又以竹竿做横梁，连排建设，布局整齐，颇有野趣。

　　花梨屯因三面环水、一面环山的限制，主要通过轮渡进出，因而此处的壮族传统习俗、传统美食保留得相对完好。屯里的桃花岛在春季时常举办庙会祈福活动，庙会上壮族男女载歌载舞，可听嘹亮山歌，赏小调采茶戏，还可赏花、祈福、品尝壮族特色美食。

花梨屯中的传统壮寨

诗情画意的桃花岛

崇山峻岭多生遍地奇石，茂林修竹倒映十里江景。

桃花岛是花梨屯里一处紧偎着左江的胜地，曾是半岛上的一个自然村。此处林木葱茏，往来全靠摆渡，远离尘嚣，静谧和谐。整座岛拥有原生态山林 6800 亩、水域 210 亩。岛上花木繁茂，原生植被保留完好，空气含氧量高，水资源丰富，还拥有八仙佛洞、心经壁、金蟾祈福坛、如来山、二圣宫等景点。

桃花岛属喀斯特地貌，除了众多奇特瑰丽的岩溶洞穴和湖泊，还有大片葱郁的草木覆盖全岛。踏足此处，空气新鲜清凉，在阳光照射下，能听到不间断的鸟鸣与虫鸣，看到紫檀、木棉、榕树、龙眼、扁桃等高大参天的天然乔木和大片的原生态竹林。难以想象这些树木是何时种下的，它们穿过漫长的岁月，承载着历史和文化，似乎树木的颜色都比别处深些。

农历三月前后，桃花岛上桃花盛开。此处桃花姿态优美，花朵丰腴可爱，随风摇曳，姿态万千。每逢桃月春暖花开，桃花岛上依山傍水，最适宜露营和踏青游玩。夜晚，燃起篝火，三五好友，围坐四周，赏月谈心，好不快活。

桃花岛景区

新兴产业发展迅疾

花梨屯曾不通陆路，仅竹筏可渡，堪称此地独绝。其所在半岛有数个盆地，交错两条山谷，生态植被保留完好，原生形态质朴万方。几百乡民躬耕千亩田园，虽有绿水青山，产出效率却不高，仍有较大的提升空间。

自 2010 年以来，花梨屯开始将村民的土地流转用于建设"桃花岛有机农产品种养基地"，发展富硒米、富硒鸡蛋、富硒鸡等种养产业。花梨屯曾获农业部果蔬标准生产园区认证，所生产的数十个蔬菜品种

桃花岛风景优美，适合发展旅游业

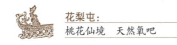
获得了国家绿色食品认证。同时，花梨屯深度挖掘左江生态自然资源，在政府支持和引导下，开发桃花岛生态休闲度假产业，使其成为一个现代农业旅游景区。桃花岛还创新开发左江亲水游、奇石竹林山景游、生态农业体验游、生态休闲度假及户外探险活动，发展旅游养生度假产业，促进了当地就业和村民增收，改善了花梨屯村民的生活面貌，使得花梨屯焕然一新，摘掉了贫困村的帽子，成为旅游扶贫和新农村建设的良好典范。

　　寒来暑往，缓缓流淌的左江河水，见证这片土地上的人们与自然之间的协调和对话，也定格了花梨屯里凝固的时间。桃花岛上的株株桃树，将在春风绿江岸的刹那，为人间绽放出盈天的芬芳。

延伸阅读

民族民俗

多彩端午民俗活动

　　自明万历年间起，花梨屯所在的驮卢镇每到端午节就会组织赛龙舟等热闹的端午活动。发展至今，花梨屯除赛龙舟与放花灯外，还会举办观粤剧、斗蟋蟀、百家宴等端午系列民俗活动。

二月二

每到农历二月初二，花梨屯各家各户都会准备好糍粑、五色糯米饭等传统小吃，以及鸡、鸭、猪肉和米酒，到二圣宫上香、祭拜、祈福，祈盼年年风调雨顺、五谷丰登。

旅游景点

驮卢镇

花梨屯隶属于驮卢镇。驮卢镇距离崇左市约50公里，是崇左市江州区北部各乡镇的经济、文化、交通中心。左江、西大公路、富太公路穿镇而过，水陆交通发达便利，其自古以来就是左江流域的重要商埠之一。驮卢在宋朝已设圩市，发展至明朝已相当繁荣，著名旅行家徐霞客曾称之为"水绕山环，百家之市"。驮卢镇文化底蕴深厚，老街古建众多，如西南剧院、解放街、驮卢商会旧址、左江第一游击大队司令部革命遗址等。

二圣宫

二圣宫建于桃花岛上，始建于清乾隆年间，为道教建筑，宫旁有清乾隆、光绪年间的碑文。据传，由于花梨屯位于左江边上，来往客商在花梨屯停靠歇息时，常来此处祈求出行平安。

二八神山

二八神山位于桃花岛，山峰挺拔雄伟，笔直陡峭，峭壁上雕刻有宽约100米、高约80米的《般若波罗蜜多心经》，仿藤石阶天梯直通二八神山山顶。游人到此可仰视神山，享受自然宁静。

花梨山岩画

泛舟左江，还能在临江峭壁之上看到花梨山岩画。石壁平整光滑，略向内倾斜，右上角有一小岩洞，山下有高约 3 米的侧石堆坡，画面向东，宽约 2.5 米，高约 3 米，距江面约 30 米，隐约可见一个正身人像和一块斑驳的泛红色画迹。花梨山岩画已于 2006 年被公布为崇左市文物保护单位。

传统美食

驮卢沙糕

驮卢沙糕主产于驮卢镇城区及花梨屯等附近村屯，品种丰富，主要有豆蓉、豆沙、什锦、云片、水晶等品种。沙糕以糯米粉、糖、绿豆粉、猪油、花生油为主要原料，再佐以冬瓜糖、甜肉、干鸡皮果、芝麻等配料，根据传统配方，经手工打造而成，具有口感丰腴、油滑、香甜可口的特点，享誉广西区内外，是馈赠亲友的佳品。

桃花土猪香肉粽

花梨屯的桃花土猪香肉粽是用屯里上好的农家香土猪和自产的稻米做料，大火煮沸，叶青糯香，肥而不腻，令人回味无穷。

高山村：

高山青云　书馨世袭

　　高山村，一个厚重古朴的村落，位于玉林市玉州区城北街道，背靠大容山西南余脉，东临金马山，又有石人岭围护，西面有寒山阻隔，南面有清湾江蜿蜒向西南流过。村内现存大量具有岭南地区宗祠文化特色的明清古建筑群。高山村 2007 年被评为第三批"中国历史文化名村"，2012 年被列入第一批中国传统村落名录，2015 年被列入第一批广西传统村落名录。

百年古村，源远流长

　　"高山"之名，来源不一，当地流传的说法大致为两种，一是取《诗经》中"高山仰止"及《列子》中"高山流水"之"高山"二字而成；二是由高山村历史演化而来。高山村南面有清湾江，周边村落经常发生洪灾，但高山村却从未被水淹过，所以即使高山村的海拔和相对高度不高，当地村民也戏称此处为"高山"。

　　高山村始建于明朝天顺年间，历史延绵600多年。明朝地理学家、旅游家徐霞客曾途经此地并留宿。"又三里，抵松城墟。墟舍旁有逆旅一家，时日色尚高，道多虞境，遂停宿焉。"这便是《徐霞客游记》里《粤西游记》描述的当夜情景，不知 300 多年前，徐霞客留宿那夜是怎样的心情。不过，当地村民认为大榕树下面的古屋就是当年徐霞客留宿的"逆旅"，并将它写入高山村村志，列为村里重点保护古迹。

古榕树掩映下的古建筑群

书香四溢，世代相传

　　高山村西是通州大道，这是古代中原人南下玉林的主要通道之一。高山村受中原文化影响，学风兴盛，崇尚礼教，推崇科举。

　　早在明朝，高山村便有"独堆坡书房"的记载，发展至清朝，相继开办了启学蒙馆、大馆、私塾等 15 间教学场所。高山村人还建立了"奖学金制度"，将宗祠的部分收入用于资助和保障族内学子读书、升学、赴考，这便是高山文化中独特的"蒸尝助学"制度，延续至今已有 200 多年的历史。

保存完好的"进士"牌匾

与之而来的，是高山村鼎盛的文风。在高山村的古建筑中，不论是建筑内部结构，还是各类纹饰，都体现了房屋建造者和使用者对礼教的崇尚。此外，高山村人热爱诗联，常用诗词对联表达自己对知识的追求，在宗祠、闸门、大门、社庙等建筑上，大多都挂有诗联和横额，如"文章尔雅训词辞深厚，事理通达心气和平""治术自称忠信敢，官箴今验慎清勤"等。

村内的青砖巷道印证了高山村兴盛的学风。村内保存较好的青砖巷有9条，长约900米。其中，最著名的是青云巷，原名企岭巷，明清时期此处仅10户人家，但却设有学馆两所，是稚童读书启蒙的地方，一批读书人从此处出仕，步步青云，因此改名为"青云巷"。据史料记载，高山村人才辈出，共出了4名进士、21名举人、238名秀才，是远近闻名的"进士村""宗祠村""文化村"。

青云巷

古建成群，风采依旧

　　高山村的整体布局富含岭南地方特色，采用岭南常见的梳式布局，又兼具群体组合之美，各座古建筑横向有序铺开，以走廊、柱子等建筑构件将单个建筑进行连接，形成了一个庞大的建筑群体，与当地自然环境合二为一。此处房屋主要呈坐北朝南和坐西向东排列，是以岭南地区宗祠文化为主要特色的明清古建筑群，至今已有 430 多年的历史，保留着明清古民宅 60 座 150 幢、宗祠 13 座、古闸门 6 个、古青砖巷道 9 条，以牟廷典、李拔谋、牟树棠、牟懋圻等四进士故居及郎官弟（住佳庐）、聚星楼、承绪楼为代表。

承绪楼

村内现存最完好的古民居叫承绪楼。承绪楼建于清同治年间，高四层，主体为三进，两侧围绕建房子，形成一个大四合院，占地面积3250平方米，建筑面积2650平方米，共有大小厅9个，房屋48间，大小天井10个，大小门口121个。二厅中堂屏壁的清朝装束人物画像正是承绪楼的先辈牟绪亭。楼中还有数量可观的壁诗、壁画。其中，特别醒目的当属"朱子治家格言"的巨匾，足可见承绪楼先辈的严训家规。

村中有一座名为"聚星楼"的古宅显得尤为不同。它位于高山村的中央，体形高大，外墙全部由青砖砌成，屋顶呈帽檐状，墙面布满了一个个枪眼，似乎曾遭战火。据《高山村志》记载，聚星楼建于清嘉庆年间，落成于道光八年（1828年），占地面积220平方米，建筑面积180平方米，原高

"朱子治家格言"巨匾

聚星楼

4 层，现仅存 2 层。内部以楼板分层，墙体为青砖泥砖，厚 0.85 米，楼门处厚 0.95 米。此楼有三大功能：一为聚星，希望文运兴盛，科举不断；二为瞭望，居高望远，可以及时了解外面情况；三为躲避、抵抗盗匪及战乱。1950 年农历正月初十，土匪暴乱，大塘乡乡长和两名解放军及十多名征粮工作队员，依托这坚固的楼房，抗击众多土匪，保卫了红色政权和公粮安全。

古建宗祠，百世风采

　　富含历史文化内涵且保存完好的古迹，是高山村百年文化的载体和灵魂，其中最能表现高山村人慎终追远这一文化特点的，莫过于宗祠建筑了。高山村的建筑布局便是以宗祠为中心，民居排列两侧，且宗祠的建筑规模是村中最高级的。

　　高山村保存的古宗祠的建筑规模较大，多为三进、四进，面积均在 300 平方米以上，最大的甚至达到 1200 平方米，大多采用岭南地区特有的"推笼门"——既能防盗，又可通风透气。同时，宗祠用大量壁画、木雕、泥塑、石刻等进行点缀，充分体现了高山村人的寻根情结和崇尚礼教的传统文化。

　　高山村的宗祠建筑主要是牟氏、李氏和陈氏三个家族所建，其中牟氏家族对于宗祠的建设最为重视，甚至各支系都建有各自的宗祠，因此牟氏宗祠群也是高山村中最为知名的宗祠建筑群，共有思成祠、

高山村古建筑群

绍德祠、郎官祠等大小 9 座宗祠。

　　如今，宗祠内的各种砖雕彩塑已被历史风化，不复当年的辉煌。青云巷两旁门房紧闭，也早已无人居住。游人不禁要问："一个看似荒僻的村落，何以人才辈出？何以诗书传家？"

　　思成祠和绍德祠，或许已有答案。思成祠、绍德祠是牟氏宗祠群中较为突出的宗祠，两座

牟氏思成祠

宗祠并排而建，均为四进宗祠，为格木圆柱结构。牟姓宗祠墙上悬挂着祖宗训词"敦行孝悌睦族和邻，上希圣贤下作善人，勿贪财色勿兢血气，勤业守分存仁思义"，成为后人谨记遵守的家规家训。

经久不倒的碉楼上，遗留有一个个炮洞。古旧房梁上，驮梁兽居高临下地注视高山村兴衰变迁，悲欢离合。古建上的朱红早已褪色，却仍以一种苍劲的姿态挺立着。高山村自然地老去，并未染发施粉装饰自己，留待游客体会300多年前徐霞客留下的《粤西游记》。

延伸阅读

旅游景点

牟氏思成祠

牟氏思成祠建于清雍正十二年（1734年），共四进，每进三开间，占地面积1188平方米，建筑面积约820平方米。二、三进为穿斗式木构架，每进正脊皆堆塑松梅兰等吉祥纹饰，正脊两端及垂脊堆砌夔龙（博古纹），封檐板浅雕团花、如意云纹及其他花果、小动物纹，檐下主体壁画48幅、装饰壁画30幅，内容包括山林原野、牡丹、柳梅松兰荷、石榴、宝相花等吉祥纹及历史人物、历史典故图案等。

牟绍德祠

牟绍德祠建成于清乾隆三年（1738年），为四进大宅，占地面积910平方米。整栋建筑主体壁画76幅，装饰壁画图案数十幅，诗文4首，大部分清晰可辨。

牟惇叙祠

牟惇叙祠建于清道光年间，现存三进两廊，柱架结构完好，檐下壁画25幅，内容包括二十四孝故事、历史典故、村野风景、吉祥花卉等。

郎官祠

郎官祠始建于清乾隆年间，占地面积1041平方米。原规模为三进两廊，龙首形挑手，封檐板雕刻如意云纹，每进大门皆挂匾。两廊顶砌封火墙，彩绘缠枝梅花菊花等。

牟致齐祠

始建于清同治十三年（1874年），占地面积416平方米，建筑面积320平方米。现存两进一廊，前座明间屏风保存完好，屏风上以透雕手法刻有竹梅，以剔雕手法刻喜鹊、桃子等图案，还刻有"雨余庭草芝兰秀，风过屏梅俎豆香"的楹联。

李拔谋故居

李拔谋故居建于清嘉庆年间，占地面积1280平方米，包含三进两厢一花厅一大门及瞭望楼。李拔谋为高山村李氏第八代，清道光六年（1826年）中进士，曾任江西安义知县。

传统美食

茶泡

　　"茶泡"是玉林民间传统独特的工艺茶点，与茶泡食，故称"茶泡"。据《郁林州志》记载：郁林茶泡，宋代有之。茶泡的原料是约重5公斤的老水冬瓜，先取老冬瓜去皮去心，取其皮下坚脆瓜肉，经雕、錾、刻、编、过水、漂糖、消糖、晒干等程序后即成，那些雕刻着寿桃、菊花、喜字、鸟纹、虫草等图案的方寸茶泡，造型逼真，层次分明，玲珑剔透，图案精美，滋味软甜，软而不烂，甜而不腻，清香可口，成为闻名一方的休闲美食。

萝 村：

青山秀水　书香风流

　　萝村，位于玉林北流市民乐镇，是一座自然景观优美、文化遗产资源丰富、古建遗迹数量众多的传统村落。整个村落背靠被誉为"南方西岳"的大容山之余脉白水岭，村前一马平川，稻浪滔滔，清澈的小溪从村前蜿蜒而过，溪边是白墙黑瓦的建筑群错落排列，周边还栽种有高大挺拔的荔枝树，彼此点缀，清静幽雅，风光如画。萝村如同一个历史博物馆，留存着古寺、古堡、古屋、古巷、古桥、古井、古树，无一不体现着岭南村落文化。充满生机和宁静的山水，长久以来留存的文化瑰宝，让萝村获得了诸多荣誉：2010 年被列入"广西历史文化名村"，2012 年被列入首批中国传统村落名录，2015 年被列入广西传统村落名录，2017 年被评为"广西特色文化名村"，2023 年被评为"广西民族特色村寨"。

萝村全貌

　　据清光绪版《北流县志》记载:"云山寺在萝村左,屡遭贼毁,惟存明崇祯十五年所置钟一口。"由此可知,当时萝村已有人居住。村中《冯氏家谱》也有记录,该村始建于明天顺年间,距今至少有560年的历史了。"萝村"之名的来由大致有两种说法,颇为有趣。一说"锣村",从高空俯视,此处形似两轮弯月,合起来可以形成一个圆形,因此被戏称为"睡地锣",简称"锣村";又因此处没有矿场,而是满山松柏、草木繁茂,村人便把"锣"字去掉金字旁,加上草字头,便成了沿用至今的"萝村"了。另一说是"箩村",此处东部有几个顶部较平的土岭,形似箩筐,因而得名"箩村";后因"箩"与"萝"同音且形似,便写成了"萝村"。

岭南特色古建筑

步入萝村，可以看到连片的古建筑。脊顶犄角翘峨，和泥灰浮雕的房屋相得益彰，有着浓厚的历史氛围。老屋上挂满斑驳古藤，村中古树参天，神秘庄重。

萝村的古建筑群种类繁多，汇集明、清、民国等不同年代的岭南特色建筑，虽风格迥异却井然有序，颇具府第气派。细细看去，雕梁画栋，水准极高，是中国南方明清时期乡村民居建筑的典型。全村共有 32 间古祠堂、16 间规模较大的古民居、1 座古寺、1 段古城墙、300 幅古壁画、278 条古巷、612 口古井、7 座古桥、6 个古荔枝树园。

萝村的古壁画

萝村古建筑众多，宅院府第成片相连，总面积达 14 万平方米，保存有众多明清至民国时期古建筑，如云山寺、古戏台、胪云堂、无锡国专旧址、陈柱故居、陈锡门祠、知足庄等，其中大部分建筑至今依然保存完好，令人叹为观止。

胪云堂是萝村最大的单体古建筑，也称陈开运故居。胪云堂始建于清咸丰三年（1853 年），是一个三进式四合院，有花厅、客厅、厢房等近 20 间，建筑面积达 1900 平方米，建筑内绘有大量精美壁画。紧挨其间的绿竹居是它的附属建筑，建筑面积 658 平方米，庐云堂和绿竹居合起来计有 9 间厅堂、18 个天井，故也称此宅为"九厅十八井"。

　　陈柱故居是萝村最负盛名的古建筑，包括国学大师陈柱的故居及其藏书楼。陈柱故居建于清咸丰年间，坐北朝南，幽深清净，门面虽小但庭院深深，须进入三重大门、经过三个庭院才能看到正厅。正厅门前贴有对联"前垂积荫，后丛高山"，正厅后的小花园中有陈柱亲手栽种的从日本带回来的名贵古茶花，名叫"双飞蝴蝶"，茶花如今仍枝繁叶茂，每年元旦前后都开出绚丽的花朵。宅院分为前后两进，一进是两侧厢房，分别为卧室及书房；二进有两层，包括藏书楼和后花园，院中青砖黛瓦，树影婆娑，是典型的清朝院落。荔枝树下好读书，清风徐来满庭芳。

萝村的古建筑

尚文重教传家风

　　中国传统文化在萝村交融，耕读传统在此处得到充分体现。数百年来，萝村陈氏家族一直都很重视文化教育，"培育族姓子弟""拔起奇才""积书胜积钱"，这些出自陈氏先辈的名言已成为萝村子弟的家训；尊宗敬祖、勤耕苦读已成为萝村陈氏的家规，尚文重教的理念深深镌刻在萝村人的精神内核中。

　　萝村陈姓始祖陈楠，迁来北流时"设立膏火田租，培育族姓子弟"，即开设学堂，开创了北流文化繁盛的先河；清咸丰年间，陈宗鲁建"梅花书室"，除收取本族子弟外，还招收了来自四方的贫困学子，并免其学费；清光绪年间陈拔朝增设"书房园书舍"；清宣统年间，陈迥凡又设馆授徒于云山寺；1904 年，萝村率先创立了本村初级小学，1934 年创办高级小学；1939—1942 年间，无锡国专迁校萝村。由此可见萝村很早就建立了"尚文重教"的传统家风家教，并一直延续。

　　陈氏家族耕读传家、尚文重教，一代代先人明理砺行，文才辈出，光辉熠熠。明清两朝共出进士 3 人、举人 10 人、贡生 13 人、文秀才 48 人、武秀才 7 人、六品以上地方官 7 人。近代出了 55 位专家、学者、教授，6 位博士，15 位硕士，300 多位大学生，是北流出名的"教授村""专家村""大学生村"。其中最著名的是国学大师陈柱，他出生于萝村，曾就读于萝村小学堂，19 岁留学日本，一生著述甚丰。他以国学论著为大体，主研子学，兼擅诗文，影响深广的作品有 120 多部，是民国时期的国学巨擘之一，对民国时期的文化发展产生过重要影响。

代表作有《守玄阁文字学》《公羊家哲学》《墨子闻诂补正》《文心雕龙校注》等，其文精辟通透，深受学界推崇与赞赏。

萝村陈氏家族求学治家的传统家规家训，一直以来都是周边群众学习和效仿的模范。现今，萝村以陈柱故居及无锡国专萝村办学旧址为载体，建成萝村家规家训示范点，向世人传播陈氏家族的优秀传统与荣耀。

国学大师陈柱

千年古荔文脉长

萝村古荔枝树园

走进萝村，古巷两旁最引人注目的是一片片枝叶繁茂、苍翠挺立、通天拔地的古荔枝树。据村史记载，萝村古时共有近 20 个荔枝园，荔枝树超过千株。现在保存下来的还有"十园（岭头园、大园、樟山园、宁屋园、

副业场园、东北门园、云山寺园、新兴塘园、指月楼园、良田园）三
环（环良田塘、环良田古民居、环绿田居）"布局的荔枝树。

　　古荔枝树在此处生长了数百年，早已是萝村传统文化中不可替
代的一部分：萝村子弟常在此处接受教学、读书，其乐融融；萝村人
常用"荔枝"的谐音"励志"，教育萝村子弟从小立志上进；萝村荔
枝历来受人追捧，荔枝出售所得可用于帮助贫困学生完成学业……
走近荔枝树，仿佛可以感受到萝村沉淀已久的历史人文气息，时光
悠然流淌。

　　萝村保存下来的古荔枝树共有 198 棵，其中达到 1000 年树龄的
3 株，600~800 年树龄的 47 株，350~600 年树龄的 148 株。全村最
高最大的荔枝树位于陈柱故居后面，高近 30 米，树冠近 20 米，树干
粗壮，需要 5 个成年人才能围抱，是萝村荔枝的"千树之父"，属于

高大的古荔枝树

国家一级保护古树，被称为"岭南荔枝王"。

古村、古宅、古寺、古树，庇护着萝村村民繁衍生息，书香传世。时光变幻，云山寺传续的香火，祠堂里弥散的书香，逐渐染上了岁月的气息。萝村的每一处建筑，都藏着古老的故事，饱含着文化的底蕴。现今的景色，已经与初时不同了，变得更加清晰、更有感染力。

延伸阅读

民族民俗

裴圣奶文化节

裴圣奶，原名裴九娘，宋末元初时的北流市西埌镇六井村人，智勇双全，胆识过人。为保一方平安，她带领大家智除贼首，后为抗击大容山匪贼壮烈牺牲，死后乡民自发筑坟建庙祭奠。萝村的裴圣奶庙，建于1921年，面积不大，只有40平方米，2008年9月重修后扩建为110平方米。农历三月十七是裴圣奶诞辰纪念日，北流民间有祭奠裴圣奶的习惯。是日，善男信女络绎不绝地去到裴圣奶庙焚香叩拜，祈求平安赐福，晚上还会燃放烟花，并上演裴圣奶除贼安邦、英勇牺牲的剧目，深受村民喜爱。

云山寺庙会

云山寺庙会每年在萝村云山寺举办，时间是农历二月十九。这天的云山寺人山人海，热闹非凡。和尚（道士）昼夜诵经，善男信女纷纷前来焚香祝祷。白天村民扛着菩萨游村，赐福各家，八音锣鼓，旌旗伴随，群众则杀鸡宰鹅，做糍粑迎候顶拜；晚上于古戏台上演木偶戏或采茶戏、春牛戏，有时也演粤剧或歌舞剧。

旅游景点

无锡国专旧址

　　萝村最具代表性的文化遗产非无锡国专旧址莫属。无锡国专是苏州大学的前身，创办于1920年，是当时全国两所获得教育部审批的大学本科资格的学校之一。1937年，上海沦陷，日寇进逼无锡，无锡国专被迫辗转武汉、长沙、桂林等地，于1939年8月迁至萝村，搬入陈宗经故居及辅邦祠办学。当时无锡国专已有200多名学生，当地政坛名人李济深、黄绍兹、刘侯武、黄维等纷纷加盟董事会，冯振任代校长，巨赞、陈一百、郑师许、钱仲联、蒋石渠、饶宗颐等著名专家学者在校任教，黄宾虹、田汉、竺可桢等都曾到萝村中作专题讲学。当时正值新旧文化思潮激烈碰撞之际，无锡国专在萝村期间的教学内容也呈现出由传统向现代的转变趋势，涉及文、史、哲、经、教、国学，以及农、林、医、工、数等学科。

　　无锡国专迁校萝村，因众多社会名流、名人雅士的加盟而发扬光大，萝村与外界文化交融达到鼎盛时期，培养出不少

无锡国专旧址

广西本土知名学者、教育学家、记者、教师等，对北流乃至整个广西都产生了深远的影响，为萝村增添了浓厚的文化气息和历史底蕴。

云山寺

"云呈天宝，山显地灵。云青日丽，山秀月明。"这说的就是云山寺。云山寺，位于萝村东门组，始建于元朝，成于明天启年间，取"建在祥云上的寺庙"之意，故名。云山寺坐西北向东南，占地面积5334平方米。庙内设有钟鼓、玉香石炉，并有细腻精巧的柏树雕花神龛。寺庙正屋为两进二开间，砖木悬硬山顶结构，寺内墙上绘有人物、花卉古画，左厢房墙上有"雍正十一年重修"等6通碑刻，2016年6月被公布为北流市文物保护单位。

云山寺古钟

云山寺正门

扫码探秘传统村落

苏 村：

古乡古韵　百年书香

　　晨曦徐徐拉开了苏村的帷幕，万物苏醒，清新的空气弥漫着整个山村，四时劳作的村民开始了一天的繁忙，孩童嬉戏，俨然一幅山水田居的悠然画面。

　　石塘镇苏村是一座人文景观丰富的文明古村，位于钦州市灵山县城西面，这里环境优美，村前平原沃野，村后丘陵起伏，山环水绕。相传 400 多年前，苏氏家族在此地落脚定居，长久发展后苏村逐渐成为灵山中一座规模最为宏大的村落，被称为"灵山第一村场"。2013年苏村被列入第二批中国传统村落名录，2015 年被列入第一批广西传统村落名录，2017 年被列入广西壮族自治区文物保护单位，2023 年被列入第四批广西历史文化名镇名村名单。

沃野千里的苏村

明清古建笼青苔

　　苏村现存 15 个明清建筑群落，占地约 69 万平方米。这些古老而独具特色的建筑群始建于清康熙年间，至今已有 300 多年的历史，规模宏伟壮观，虽然曾经遭到匪患被放火烧毁，但是经过后人的悉心修复，仍然保持着最初的样貌。

苏村古建筑群中以刘氏祖居规模最大，由大夫第、司马第、礒尹第、二尹第、司训第、贡元楼和刘氏宗祠七座大理石、青砖、童子瓦结构的镬耳楼群落相接组成。

苏村古建筑群文物保护标志碑

刘氏祖宅群总体布局以大夫第为中心，左边为司马第，右边为礒尹第，后面为司训第，构成倒"品"字形格局；厅堂、内宅均雕梁画栋，装饰华丽，气象万千。

此外，苏村中现存的大多是镬耳楼，规模庞大、气势恢宏，总建筑面积达到6000平方米。镬耳楼是明清期间岭南特有的建筑风格样式，它的封火墙形状极像明

大夫第

朝官员的官帽（乌纱帽），且这种样式的房屋一般是考取举人或相应级别以上的功名的人才能建造。村中的司马第建于清康熙四十一年（1702年），因屋主刘仕俭的长子刘炽祖曾任广东直隶州分州司马而得

名。司马第为四进
三楹右廊布局，外
墙除第一进为硬山
顶外，其余各进都
是 4 米多高两两相
对的观音兜封火墙。
封火墙的顶部耸起，
两侧弧形下滑至尾
端微翘，形似镬耳，
是苏村中镬耳楼的代表性建筑之一。

司马第

刀痕凝聚旧时记忆

　　苏村古建筑群外观壮丽豪华，内部的石作和木作雕饰更是令人叹
为观止。

　　苏村古建筑群采用了大量的大理石作为建筑材料。精细打磨的长
条石用以砌墙，其砌筑面呈凹凸面，上下长条石依次叠加，严丝合缝，
不需砂浆即可砌筑。村中，大夫第、司马第、蹉尹第和二尹第前面相
连的大地院，各对应府第门楼，分别为后代科举出仕为官者树立功名
桅杆，其上的桅杆夹使用了花岗岩，又以文字表意，如平面阴刻框边
铁笔银钩的大楷公文书体"辛丑恩正并科第廿五名举人"等。其他作

为雕饰的石雕也颇具特色。村中的大夫第即士大夫的门第，建于清康熙四十四年（1705年），因房主刘钜祖获同知加二级，正四品衔，诰命授予中宪大夫而得名。大夫第没有廊屋，为四进三楹布局，二厅是主要的会客场所，厅后竖立两条方形大理石柱，石柱后均有浮雕，图案两相对应，是四幅岭南年画风格的石雕组合。石墙上，四块颇为巨大的石雕并排摆放，呈现1字形，由上而下镶在墙上，左右各一列，其上人物栩栩如生，极具故事性。这些装饰性的石雕已有400年历史，具有较高的价值。

除石雕之外，苏村长期以来还常用木刻浮雕表达自我审美与美好祈愿。花厅建于清康熙四十五年（1706年），是司训第的附属建筑。其有二厅

苏村花厅

三开间，建筑风格与整个建筑群落一致，其内木雕艺术品众多，多以烘托清幽古雅气氛的梅兰竹菊雕饰点缀，属清心修养构所，是刘氏家族专供女眷活动、招待女性客人的场所，也是接待贵宾之地。"荔枝"在当地方言中谐音"来子"，村中荫祖堂的门梁雕饰直接以"荔枝"为题材，这表达出当地村民对子孙后代繁盛的祈愿。这是灵山一带民间一直相传的习俗，也是苏村人对"人丁兴旺""生生不息"的追求和向往。

家风上墙，"三治"入心

经过平坦宽阔的水泥路，是一排排风格统一的农家院落，墙上是家风家训彩绘，往来村民热情礼貌，嬉戏孩童言笑晏晏。没有规矩不成方圆，苏村的家风家训建设很有意思，称为"三治"：自治、德治与法治。

近年来，苏村探索研究"村党组织＋村民自治"的治理方式，在弘扬文明乡风过程中最大程度地让村民自治发挥作用。苏村党总支部通过"三会一课""两日一争"等组织生活会平台，结合"村规民约""一约四会"（白理事会、村民议事会、道德评议会、禁毒禁赌会）章程内容，组织不同年龄段、不同行业的党员入户宣传，使每一位村民都能将"村规民约"熟记于心。又通过村民民主推荐，结合村委任命的方式选出保长，负责网格内惠民政策落实、解决矛盾纠纷、及时排查发现并处理突发事务及其他事务等工作。

此外，苏村定期组织开展"一约四会"商议村中相关事宜，规范村民的日常行为；还通过"星级文明户""身边好人""道德模范"等推优项目为村民树立典型人物并进行宣传，供村民们了解、学习典型人物的义举。

法治方面，苏村通过新时代文明实践站、农家书屋等阵地，结合主题活动或者节庆日等主题，开展才艺展示、阅读分享会、荔园讲堂等活动，将学法用法、反邪教、反电信（网络）诈骗、扫黄打非、矛盾纠纷调解处理等内容融入其中。

晨起耕作，暮时归家，世代生活在苏村的人们或许早已习惯了这样的生活，落日余晖中，袅袅炊烟从一栋栋房屋中升起，再被微风吹散，犹如被时间收藏了一般隐没在空气中。夕阳映照在精美的古建筑群上，不见当年古宅里的官宦豪商、先贤儒生们拱手相迎，唯有"灵山第一村场"的童趣石马等待主人归来。

延伸阅读

民族民俗

无人菜市场

走进苏村的"无人菜市场"，人们会看到新鲜的蔬菜瓜果整齐摆放在菜摊上，它们都标有价格，旁边放有小箩筐和微信或支付宝的二维码，前来购买的村民自助选菜自行付款。"无人菜市场"从未发生过钱财丢失的情况，这是因为诚信文化是苏村中的老少妇孺都自觉践行的美德。村民自觉性和道德素养很高，菜农也不担心财物两空。如今，"无人菜市场"成为苏村一道亮丽的风景线，是"以诚为本，以信为天"的真实写照。

相关诗词

苏三娘行

清·龙启瑞

城头鼓角声琅琅，牙卒林立旌旗张。

东家西家走且僵，路人争看苏三娘。

灵山女儿好身手，十载贼中称健妇。

猩红当中受官绯，缟素为夫断仇首。

两臂曾经百战余，一枪不落千人后。

名闻军府尽招邀，驰马呼曹意气豪。

五百健儿听驱遣，万千狐鼠纷藏逃。

归来洗刀忽漫骂，愧彼尸位高官高。

君不见荀松之女刘遐妻，救父援夫名与齐。

又不见谯国夫人平阳主，阃外军中开幕府。

妆今身世胡纷纷，尽日乃与豺虎群。

不然倘作秦外吹簏婢，尚有哀怨留羌人。

征侧征贰交趾之女子，遂与瞿铄成奇勋。

汝今落拓乃如此，肝胆依人竟谁是。

草间捕捉何时休，功狗功人无一似。

记曾牙纛起过营，专闻声名让老兵。

书生颜面已巾帼，况今此辈夸峥嵘。

汝今何怪笑折齿，哥事向少男儿撑。

道旁回车远相避，吾偿见汝颜应赧。

扫码探秘传统村落

萍塘村：

七星古荔　红色传承

　　钦州市灵山县新圩镇虎岭山下，萍塘村里有荔枝林成片。绿树掩映下，有硕果累累，也有古色瓦顶与雕梁画栋。沿路进入萍塘村，南面是虎岭山，北面是一马平川的农田与古荔枝林，村里散落着时光的印记，包括东大门古建筑群、邓冠山祠、"榨油屋"小洋房等，大多建于清朝或民国时期。与火红荔枝与坚韧虬枝相伴的，则是萍塘村熊熊燃烧的革命力量——20世纪30年代，以邓业懋、邓业兢为代表的萍塘村青年在革命斗争史上留下了浓墨重彩的一笔。

　　如画美景、沃野千顷，自然景观与人文景观的融合，让萍塘村获得了诸多荣誉：2013年被评为中国传统村落，2015年被列入第一批广西传统村落名录，2016年获"广西历史文化名村"称号，2019年被评为"中国历史文化名村"。

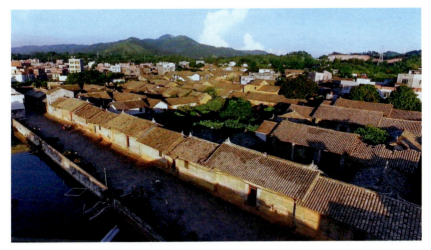

俯视萍塘村

兼具中西美感的古建筑

　　萍塘村在长久的发展中，拥有了传统村落、古建筑群和革命旧址。其中，清朝和民国年间建起的建筑群是灵山县内保存得较为完好的人文景观，主要包括东大门古建筑保护群、邓冠山祠、抗日活动旧址、邓政洽故居、"榨油屋"小洋房等。

　　萍塘村的建筑群布局合理、左右对称。村中轴线东侧多是古建筑群，大量不同时期的古民居、宗祠并存；村中轴线西侧则是村民的现居地。萍塘村古建筑与岭南建筑风格一脉相承：青砖、青瓦、三合土、石木混合结构。这里的古建筑还兼具西洋建筑特色，有石柱、门楼、花纹图案，古民居内巷道全部用青石板或小青砖铺成。传统文化与西方文化相融合的建筑群，体现了萍塘村人对不同文化的包容、尊重、理解。

　　东大门古建筑群是萍塘村古建筑的代表性建筑群，建于清朝中期。这是萍塘村廷纬公为他的 5 个儿子建造的房屋，由德恭堂、推举堂、敬诚堂等 5 座格局相同的四进式庭院共同组成。每座建筑形制统一，都有堂屋、耳房、厢房、院落及倒座；都采用砖木构建，悬山搁檩结构，墙裙用三合土夯筑；都坐北朝南，铺设小青瓦，采用当地的木材、青砖、生土、石头等原材料，以"金包银"的手法，用青砖加固门框四周和墙角。这 5 座庭院相连，大门排成一排，称为"五福堂"，规模宏大，又颇有意趣。

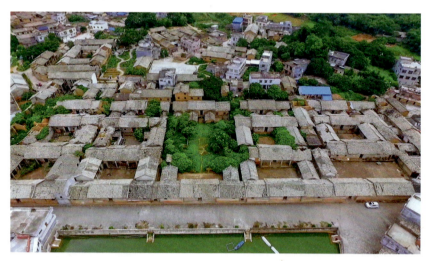

东大门古建筑群

　　邓冠山祠又叫邓家祠堂，建于清朝中期。邓冠山祠是较为传统的灵山县客家祠堂建筑，建筑面积 310 平方米，硬山搁檩结构，庭院式布局，是一座砖瓦结构的二进式四合院。从门厅直入，可以来到宽敞高大的中堂，这是祭祀活动的主要场所。天井两侧设有两条长廊，与厅堂一起将天井围合起来，两条长廊后则是四个开间。邓冠山祠内有一碑志，详细记载了邓冠山祠的历史变迁：国民革命时期，邓氏家族在邓冠山祠建立"冠山初级小学"，后来发展成为"仙山乡中心小学"；抗战时期，它曾是中共地下党组织的秘密根据地和地下交通联络站；1942 年 9 月，中共萍塘支部成立后，支部机关也设在此处；时至今日，此处已经成为萍塘村村委会的办公地点，宗祠内也建起了抗日纪念馆。每逢清明、重阳，萍塘村的邓氏后人会在此祭祀先祖，缅怀宗亲。

邓冠山祠

代代相传的革命传统

　　萍塘村的革命烽火可以追溯到清光绪年间。清光绪二十七年（1901 年），邓政洽在萍塘村中创办钟灵学堂，为灵山培育了一批学子，1920 年，他成为灵山县议员，代表民意反对西南军政府割隶广西的提议。抗日战争时期，萍塘村又涌现出了一批具有影响力的革命先烈，包括曾组建"仙山乡抗日自卫队""灵山青年游击队"抵抗日寇的邓政美；在抗日战争爆发后，投身到如火如荼的抗日救亡运动中的邓业懋、邓传孔（女）、邓业兢等。1940 年 6 月，中共灵山县特别支部委员会在萍塘村成立。

　　从此，萍塘村人民在中共灵山县党组织的领导下，积极投身抗日救亡运动，为灵山的抗战作出巨大贡献。

萍塘村古建筑

盛夏始熟的古荔枝林

　　荔枝，作为萍塘村的特产，树木遍布街巷墙角。盛夏时节，家前屋后、河畔沟旁，扑鼻满是荔枝香。萍塘村北面是一片郁郁葱葱的古荔枝林，其中有 7 棵相传为文举公亲手所种，后人取"七星伴月"之名，希望亲人能如中秋时节的北斗七星围绕在月亮周围一般，凝聚一心，团结向上。时至今日，这片古荔枝林已枝繁叶茂，成为萍塘村村民开会商议大小事务、农闲休闲娱乐的聚集地。

　　如今，萍塘村以香荔名扬广西内外，是灵山荔枝的主要产地。村内现存树龄 1000 年以上的古荔枝树 3 株、树龄 500 年以上的古荔枝树 23 株。这里的荔枝种植面积 1050 亩，量多质好，是村民的主要收入来源。荔枝品种以三月红、妃子笑、白糖罂、桂味、香荔为主，其中桂味质量上佳，产值最高。

　　遥望萍塘村，古老苍翠的荔枝林硕果累累，古色古香的民居建筑群矗立已久。建筑不断老旧，归于尘土，而人的历史与气节却代代传承。历经革命风云的萍塘村，是灵山县的革命摇篮，荔枝之韵与红色之光相互交织，回荡着"慷慨就义云头岭，英烈光辉日月明"。这是历史的见证，也是未来的精神航标。

萍塘村千年香荔为灵山县重点文物保护单位

延伸阅读

旅游景点

榨油屋

　　"榨油屋"建于民国初年，占地面积约420平方米，为砖瓦结构的两层小洋楼。"榨油屋"的屋主是邓氏第十四代子弟邓业汉，人称"秤砣四"。他早年开油坊，通过小本经营和辛勤劳动，日积月累，积攒起了一笔财富。发家后的"秤砣四"送子女外出读书或贩油游历。长了见识的子女游历归来，协助"秤砣四"模仿广州一带的骑楼样式建起小洋楼：一楼临近街道的部分建成行人走廊，走廊上方为二楼的楼层，犹如二楼"骑"在一楼之上；同时模仿南洋建筑样式，在墙上开出一个或多个圆形或其他形状的洞口，以防台风袭击，减少对建筑物的损害，形成了萍塘村独特的建筑艺术形态，后人将其称为"榨油屋"。

"榨油屋"小洋楼

历史名人

邓业懋一家

邓业懋一家为革命事业做出巨大贡献。1938—1941 年，邓业懋及其弟邓业兢、妹邓业芬、妻陈锦声，先后投身到革命斗争洪流中。邓业懋、邓业兢两人均为灵山县早期的共产党员。1945 年和 1946 年，邓业懋、邓业兢、邓业芬惨遭敌人杀害。他们为人民的革命事业英勇献身的光辉形象和革命大无畏精神，一直留在人民心中。中华人民共和国成立后，党和政府授予他们革命烈士光荣称号。邓业懋一家成为光荣的革命之家。

邓业懋烈士

邓业懋又名陈浩。1916 年 10 月出生于灵山县萍塘村。抗战开始后，他积极参加抗日救亡运动。1939 年 9 月加入中国共产党，1942 年调钦县从事革命工作，1945 年 2 月参加领导钦县小董武装起义，任"钦县人民抗日解放军"参谋长。同年 3 月被敌人秘密杀害于钦县(今钦州市)牛圩坡。

邓业兢 1922 年出生，16 岁时参加革命，1941 年 2 月加入中国共产党。他是灵山党组织早期领导人之一，也是灵山武装起义主要领导人之一。时任南路人民抗日解放军第三支队灵山大队副大队长兼第三中队长，后不幸被捕，英勇就义，年仅 24 岁。

邓业芬 1926 年出生，是邓业懋、邓业兢的胞妹。少年时她就深受哥哥们的革命思想教育和影响，于 1943 年春加入中国共产党，1945 年初参加灵山武装起义，在游击队做政治、文化工作。后与哥哥邓业兢一同被捕，在狱中，邓业芬和敌人坚决斗争，面对严刑毒打，坚贞不屈，最后献出了宝贵的生命。

　　陈锦声为邓业懋之妻，1934 年与邓业懋结为夫妻，1941 年参加革命工作，1948 年加入中国共产党。陈锦声全力支持丈夫的革命工作，在艰难困苦的环境中坚持斗争，把失去丈夫的悲痛和对敌人的仇恨深埋心底，奋发工作。她曾深入虎穴劝降反动部队，组织陆屋中学学生起义等。

大芦村：

古荔映红　古联传家

从钦州市灵山县城往东行约 8 公里，便来到了大芦村。大芦村始建于明嘉靖二十五年（1546 年），当时的县儒学庠生劳经携妻儿迁居于此。那时，这里芦荻丛生，荒芜偏远。经过劳氏先民的辛勤开发，到 17 世纪时，大芦村已变成拥有 15 个姓氏人家的富庶之乡。慎终追远之故，此地取名大芦村。

大芦村现有人口 5300 多人，其中劳姓有 4300 多人。村子以古屋、古树和古楹联而闻名。1999 年，大芦村被授予"广西楹联第一村"称号；2005 年被评为"广西农业旅游示范点"和"全国农业旅游示范点"；2007 年被评为"中国历史文化名村"；2010 年被评为"广西历史文化名村"；2012 年被列入第一批中国传统村落。这些荣誉，无不在诉说着大芦村丰厚的人文历史。

大芦村航拍图

半亩方塘荔映红

　　"宅绕青溪耸秀峰，松林鹤友晚烟笼。小楼掩路斜阳外，半亩方塘荔映红。"这首诗为清嘉庆八年（1803 年）诗人吴必启赞美大芦村风光所作，生动地描述了荔枝成熟时节，大芦村傍晚时分的别样景致。

　　时光荏苒，今天的大芦村，荔枝依然映红。在号称中国荔枝之乡的灵山县，大芦村还有一个响当当的名字：荔枝村。这个称号，颇有几分"王冠上的宝石"的意味。一方面说明大芦村荔枝树之多，果品之优异；另一方面则说明大芦村多年来的人丁兴旺。

　　据调查，大芦村古树共有 24 株，包括二级古树 15 株、三级古树

9株，隶属3科3属4种，数量上以古荔枝树为最，体现了果树绿化的实用性特点。相传，劳宏道当年共种9株树，分别为2株樟树、7株榕树。大芦村的古树相对集中于三达堂、镬耳楼和榕树塘周边，突出了广西传统村落建筑背山面水、以树作山、左右护墙和"七星伴月"的格局，蕴含"鸿运当头、文章盖世"等寓意，表达了劳

大芦村的古树

大芦村一景

氏祖先对后人的美好期望。据当地人介绍，至今大芦村还保留着每家每户添丁后在房前屋后种一棵荔枝树的传统。

这些古陞木树、樟树和荔枝树，枝干虬曲苍劲，布满了岁月的皱纹，树根盘踞蜿蜒有力，犹如一条条蛟龙。一棵棵古树，一个个古老的生命亲历着、见证着大芦村的历史发展。

武阳世家存古建

    大芦村内有一副对联——武阳世家，江左家风。武阳是山东省的地名，这副对联是对劳氏家族来源精练而到位的概括，不仅告诉子孙先辈的祖居，也暗含劳氏世代繁荣，有大户人家、家风严谨之意，透露出强烈的家族威严之气。

    劳氏先人自建造第一个宅院伊始，就刻意营造与周围环境和谐的氛围。村子风水"重南，向东、西次之，北为最下"，先祖们种树弥补案山不足，种法则根据星象北斗七星图系，又或是在现存的祖屋镬耳楼后的一棵大树前，挖凿一池如弯月的湖泊，称之为"七星伴月"。如此种种，形成了如今大芦村建筑群原址的格局风貌。

    大芦村里，镬耳楼是最古老的建筑，也称为劳氏祖屋。劳经迁居于此，最先建造的就是镬耳楼。历经劳氏第二代、第三代的建设，初具规模。明崇祯九年（1636年），劳氏第四代劳弦考选拔贡，国子监毕业后，授内阁中书舍人，不久升任兵部职方司主事（后官至三品），奏请朝廷封赠三代祖先。崇祯十四年（1641年），他将房屋前门楼和主屋第二进（官厅）的封火墙建成镬耳状，因此得名"镬耳楼"。后又经数十年建设，通过劳氏四代人的努力，镬耳楼才完成整体建设。

    镬耳楼建筑面积达4460平方米，是典型的院落式二排五进布局建筑。整个堂院由前门楼、主屋、辅屋、斗底屋、廊房和围墙构成，二五纵深布局。十分难得的是，劳氏先祖有非常科学的建筑理念，宅基地选择山坡而非良田，凭地势建房，房屋依山顺溪而建，沿山坡由低向高逐级建构。
南方潮湿多雨，这
样的建筑采光通风
良好，且排水便利。
为了减少暴雨对门
前地基的冲刷，劳
氏先祖在建设房屋
时专门在屋檐部位

镬耳楼入口

设有导雨沟槽，沟槽与室内两侧刻意砌成两个空心廊柱相通，雨水沿空心柱顺流而下注入屋角的下水道，最后由高向低顺势流进大门前的月亮湖；同时利用房前挖泥留塘，取土造屋，一能就地取材用于建房，二能易于贮水排水，三能便于取水防火，四能构成院落典雅的景致。

随着时间的推移，三达堂、东园、双庆堂、蟠龙堂、东明堂、富春园、杉木园、陈卓园及劳氏宗祠陆续建成。耗时几百年，大芦村终于呈现出如今的样貌。村内有多个建筑群落，以"艺苑先设""健融凌云"为建筑理念，大小不等的人工池塘分割着多处建筑群落，碧水蓝天，绿树古宅，相映成趣。大芦村总占地面积45万平方米，总建筑面积25万多平方米，是广西保护最完好、规模最大的明清建筑群。

此外，在大芦村的古建筑群里，明清两朝朝廷赐予的牌匾，以及各级官员赠送的匾额随处可见。据统计，数百年来，大芦村收到的匾额总数有48块之多，现存的还有30块。这些匾额悬挂于古宅厅堂或门头，既壮观瞻，也为整个家族增添光彩。其中，以满、汉两种文字书写的"敕命之宝"牌匾，相传是广西现存的唯一一块清道光皇帝御赐的牌匾，弥足珍贵。而三达堂里高悬的另一块鎏金牌匾，上书"拔元"二字，则是由以禁烟运动著名的两广总督邓廷桢领衔题赠的。清道光十七年（1837年），劳氏子弟劳念宗考取国子监第一名，因此而获赠。

这些牌匾，意义不只在于嘉奖时人、装点门楣，更道出了大芦村崇文重教、教育兴家，历经岁月长久不衰的奥秘。

广西楹联第一村

楹联，中国独有的一种文学形式，源流已久，于明朝时期脱离文人的文字游戏，走向平常百姓家。格式也从单一的春联，发展到庆贺、纪事、格言等18种。

大芦村被称为"广西楹联第一村"，并非浪得虚名。大芦村现存古对联305副，内容包括修身、持家、创业、报国等，可谓百花齐放。例如，以报国为主题的，有"克尽兴邦责，中全爱国心""文章报国、孝悌传家"；以敬祖为主题的，有"倚西北为鸿模北阙殊恩沾世德，挹南东之秀气东兰旧址发书香"；以持家为主题的，有"知稼穑之艰难克勤克俭，守高曾其规矩不愆不忘""创业本为难念先人沐雨栉风当日几经况岁，守成犹不易望你辈粗粮淡食同戒勿爱奢华"；以修身为主题的，有"惜食惜衣不但惜财兼惜福，求名求利须知求己胜求人"；还有其他类似抒怀言志的，如"涵养功深心似镜，揣摩历久笔生花""春亦多情鸟向枝头催逸兴，人其得意梅花窗外放诗怀"等。

　　而在表现形式方面，每边一句的有四至十八言联。大芦古宅的对联世代承传，沿用至今，并不会"总把新桃换旧符"，年年更新。古宅中人逢年过节或遇喜事庆典，总是用红纸将这些传世楹联重新书写，并郑重地贴在固定的位置上，几百年来从不更改。今天，一些年轻人

大芦村的楹联

在重贴旧联时，偶尔也把一些富有时代意义的新联与旧联一起同时贴在门旁，新旧对联的对比呈现，使大芦村的过去和现在同时呈现在人们的面前，颇有意义。

数百年风风雨雨，给大芦村披上了时光的纱衣。每一棵古树、每一处院落、每一副楹联，都留下了历史烙印和时代特征，散发着浓郁的文化气息，承载着悠悠的古趣今韵，见证着劳氏祖先的生活，也见证了劳氏家族文化的发展历程。

今天的大芦村是一片悠闲自在的太平景象：古宅时光，青瓦砖墙，三三两两坐于门边做手工的村妇，古树下笑谈世事的老翁，顽皮嬉戏的孩童。这些乡村的情趣，平淡而真实，而历史的厚重，正藏在历经沧海桑田后，依旧山水美丽的村落里。

民族民俗

跳岭头

大芦村现在仍保留着灵山地区"跳岭头"的习俗。明嘉靖版《钦州志》卷一"风俗"部分，最早记载"跳岭头"习俗："八月中秋，假名祭报。装扮鬼像于岭头跳舞，谓之跳岭头。男女聚观，唱歌互答。"清道光版《钦州志》亦有记载："延巫者著花衣裙，戴鬼脸壳击两头鼓，狂欢跳跃于神前，村男妇于坛戏歌，互相唱和，名曰跳岭头，曰不如此不丰稔。"

大芦村人通常称"跳岭头"为"跳庙""跳鬼师""还年例"（取其每年例行还愿之意），于每年农历八月十八至八月十九举行。"跳岭头"于2006年被确定为广西第一批非物质文化遗产项目，2014年被列入第四批国家级非物质文化遗产名录。

"跳岭头"的舞蹈形式多样，有单人舞、双人舞、群舞等。演员们头戴面具，身穿玄衣朱裳，手拿大刀、摇铃等道具，伴以方言演唱，寄托了当地人民祈求平安丰收的美好愿望。"跳岭头"中的面具有重要意义，不同的面具代表了不同的角色和性格，其中使用较频繁的有三师、社王、土地神、四帅、五雷、精等面具。

明嘉靖版《钦州志》有关"跳岭头"的记载

"跳岭头"的舞蹈

"跳岭头"的面具

茄瓜粥

在农历七月十四日（中元节）这一天，劳氏家家都会煮食"茄瓜粥"（当地方言称茄子为"茄瓜"）。这是劳氏第四代祖劳弦传下的定例。劳弦于明崇祯九年（1636年）拔贡，后来考授内阁中书科中书舍人、升任兵部职方司主事。崇祯十六年（1643年），他任期届满，便从北京回归故里。途经洞庭湖时，刚好是中元节，不料风雨大作，雷电交加。他默念祖德，希望感动上苍。不一会儿便风平浪静。劳弦幸免于难，急于敬谢，可是寻遍舟中仅找到一点米和几只茄子，只好将就用茄子煮粥，拜祭谢天。回乡里后，劳弦严肃嘱咐：凡大芦村劳氏子孙，往后每年七月十四必须斋戒煮"茄瓜粥"吃。此民俗流传至今，显示出大芦村人"不忘祖德"。

制作"茄瓜粥"

旅游景点

三达堂

三达堂，大芦村老二房发祥地，原名"灰砂地院"，于1691—1719年建造，二五布局，占地面积4400平方米。在大芦劳氏开基200年时，已有孙子三人，对应祖屋老长房当时的称谓"四美堂"，取达德、达才、达智之义，起堂号为"三达堂"，寓意"三俊"。因规制统一、建筑时间较短，新院比老宅更加气派。并列的双院均系土木结构，虽经历数百年风雨侵蚀，室外飞檐瓦脊、石雕柱础，室内墙壁装饰、门楣窗棂、木雕石刻等早已显得斑驳沧桑，但那些熠熠生辉的匾额、参差成片的古宅群落，仍旧反映出那一段远去的岁月里，大芦村劳氏的辉煌。

三达堂航拍图

东园别墅

东园别墅为大芦村劳氏第八代的劳自荣兄弟三人建于清乾隆十二年（1747年），占地面积7750平方米。简朴无华的前门楼，宽广的大地院，三位一体的老四座、新四座、桂香堂及其附属建筑，独具匠心。

东园别墅正门

房屋依山而建，环境幽雅，体现着因地制宜的建造理念和书香世家的观念融合于一体。别墅内道路迂回曲折，整体布局犹如迷宫，不熟悉的人容易迷路。

东园别墅内景

扫码探秘传统村落

那厚村：

青山秀水　积善传家

　　十万大山脚下，中越边境陆地线上，田园阡陌之中，防城江和那厚江缓缓流过。在这依山傍水之处，坐落着一座传统村落，村中高墙大院错落有致，宁静古老又不乏巍峨峥嵘之气派。

依山傍水的那厚村

这就是防城港市首个列入中国传统村落名录的村落——位于防城区大菉镇的那厚村。那厚村 2013 年被列为第二批中国传统村落，2015 年被列入第一批广西传统村落名录。

那厚村建于清道光六年（1826 年），村中古宅坐西向东，依山而建。村前是一片稻田，四周被山岭包围，山清水秀，一片葱茏。村后青山巍峨，村前绿水蜿蜒，树林掩映、田园如锦。清澈江水日复一日向东而去，墨色翠碧的近岭远山，一派秀美田园风光。

古建幽幽，品重乡邻

这座边境小村以清末传统民居建筑和深厚的历史文化而为人所称道。那厚村的清末民居建筑群是严格按照传统岭南民居形制构建的，占地面积十余亩，主要由数十户独立住宅组成，有单体建筑、院落式围屋、四合院式祠堂等建筑类别。建筑风格为砖木结构悬山顶，屋顶采用青瓦，墙体和地基用青砖和石头砌筑，围屋用土坯砖和青砖砌筑。地面则用块石铺砌，并设排水沟渠。此外，那厚村与其他传统村落略有不同，村落内修建有炮楼和碉堡，是一座具有居住、防火、防盗、防匪等功能的传统村落。虽然经历风化和水灾，但是至今仍然能看出其原始格局：古祠堂、古巷道、古城墙、古代防御防火设施，应有尽有。

那厚村清末民居建筑群

那厚村中，最能体现那厚村子弟长久以来接受的忠厚持家、诚信友善、品重乡邻的优秀传统文化教育的古建筑，便是唐氏宗祠。唐氏宗祠约 250 平方米，建在村中央，坐西向东，分正殿、二殿、南大门、南二门。南大门两侧建有附屋，正门两边为石栓双柱；南二门两侧附屋为二层建筑，以竹泥棚隔层；走廊通道为石头和石砖铺设而成；正殿、二殿墙壁是青砖墙，屋顶是青灰色瓦。

据称，那厚村的唐氏先祖唐明佳于清道光六年（1826 年）从广东廉江迁至那厚，秉持客家人吃苦耐劳的精神，以小本生意起家，建起了唐氏祖屋，结果一场水灾把这座泥砖房夷为平地。唐明佳没有气馁，节衣缩食，购买火砖和上等木材，持续修建 3 年，才又建起了如今的唐氏宗祠。

让那厚村村民津津乐道的，还有唐氏先祖唐明佳诚信友善、品重乡邻的佳话。一日，唐明佳挑着货担到合浦卖钱，寄宿时正巧碰到一

唐氏宗祠

群清兵，第二天早上起来，唐明佳发现自己的货不见了，剩下的是一担清兵留下的饷银。他没有留下这一担饷银，而是将自己原本的货换了回来。还有一段佳话是，修建唐氏宗祠时，村中一位黄阿婆慷慨地把自己的地让给了唐明佳，而当这位老人去世后，唐氏后人不仅出资厚葬了她，还年年祭拜，视其后人为宗亲，关照有加。近200年来，那厚村中忠厚、睦邻、淳朴之风一代代传承至今。

英雄虎胆，革命圣地

　　日月轮回中，那厚村不单承载着家族繁衍生息的历史积淀，也见证了清末民初，乃至中华人民共和国成立前后的历史巨变。那厚城围屋四角，设有高大、雄伟、坚固的碉楼，几个"丁"字形的枪眼仍清晰可见。

"丁"字形枪眼

1950 年 11 月，匪首韦秀英带领 1000 多名土匪，潜入那厚村，借助那厚村四角的炮楼和后山的碉堡与解放军对峙，负隅顽抗。解放军几次冲锋，伤亡数人，都无法冲入，最后用炸药炸掉村前围城，才从缺口冲入村中，逼近了匪首韦秀英的"司令部"。这一战共歼敌 50 多人，韦秀英被击毙，匪副司令唐煌被俘，解放军 1 名副连长及 13 名战士在战斗中牺牲。1958 年，风靡全国的黑白故事片《英雄虎胆》便是以此次战役为原型拍摄的，其片尾外景地就在那厚村。

1964 年，为了纪念在那厚战役、十万大山剿匪等战斗中牺牲的 53 名革命烈士，大菉镇在镇政府驻地后山上修建了大菉革命烈士纪念碑，警醒后人不忘历史。几十年间，这里成为大菉镇弘扬革命传统、传播红色文化的主阵地。

大菉革命烈士纪念碑

修缮保护，焕发生机

2016 年 9 月，那厚村启动修缮提升工程，对唐氏宗祠主体、文化陈列室、历史炮楼及遗址陈列室等房屋进行旧墙修缮、瓦面清理、木梁更换，村庄大院整治、历史围墙修复改造、村庄周边房屋立面改造、基础设施建设等配套工程同步开展。整个村落的村容村貌得到协调统一，提升了村落周边的传统文化气息。

日月轮回，春夏秋冬，寒暑交替。一个十万大山深处的小山村，因为一群穷寇的闯入，以及电影《英雄虎胆》的上映而被世人所知，而今又因其独具特色的古旧村舍而招来人们觅奇探古的目光。

延伸阅读

旅游景点

那厚剿匪历史展览馆

2021 年，那厚剿匪历史展览馆开馆。展览馆分五个部分，通过珍贵的原始图片、视频、实物、纪录片，完整、系统、全景式地展现了这段波澜壮阔的战斗历史，常设"红色经典 碧血千秋——十万大山剿匪战役"专题展，详细地展示了那厚之战革命史，重现老一辈革命家"为有牺牲多壮志，敢教日月换新天"的红色风骨。

盛塘村：

扫码探秘传统村落

天涯海角　珊瑚村落

　　夏日傍晚，此处绿树成荫，乡间小道上蝉鸣鸟叫，远处教堂钟声缥缈，这是北海市涠洲岛上最大的自然村——盛塘村。清朝时，法国传教士航行来到涠洲岛传教，约 1882 年，法国传教士在岛上兴建了一座哥特式天主教堂。教堂呈尖顶，多用圆弧门窗与彩色玻璃，与当地的传统建筑风格截然不同，岛民们感到颇为新奇，因此戏称此地为"天主堂村"。中华人民共和国成立后，"天主堂村"改称"圣堂村"，又以"盛塘"代之，沿用至今。

　　盛塘村所在的涠洲岛位于广西壮族自治区北海市北部湾海域中部，是一座因火山喷发堆凝而成的岛屿，其 95% 以上的地层由火山岩组成，有海蚀、海积及熔岩等景观。岛上植被茂密丰富，微风过处，隐隐送来花草的清香。淳朴热情的客家人依偎在南海母亲的怀抱，怡然自得，坐看岁月悠长。

　　盛塘村历史悠久、文化气息浓厚，拥有古民居、古井、古桥、文人故居等丰富的人文景观。村中浓荫蔽日，四季飘香，村民热情好客，勤劳淳朴。盛塘村2010年被评为"广西历史文化名村"，2015年被列入广西传统村落名录。因为村落自然景观较好、建筑风貌基本完好、民俗民风传承优良，2019年，盛塘村被列入中国传统村落名录。

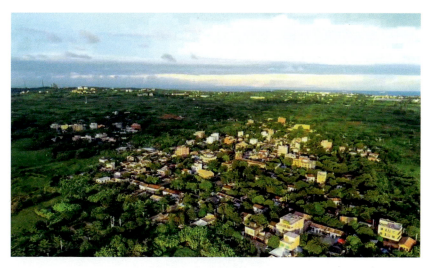

盛塘村村落

独具海岛特色的景观——珊瑚石建筑

走进盛塘村，岛上火山岩砌成的灰黑色的低矮房屋在芭蕉林与菠萝丛中若隐若现，建筑独具海岛特色。

盛塘村的传统民居承袭了客家建筑的风格，青灰的砖石、青色的窗棂、红色的楹联，古朴雅致，颇具韵味。与其他地方不同，盛塘村地处海岛一隅，因海运困难，在建筑用料上更因地制宜，大多使用岛上出产的火山岩石和珊瑚石。珊瑚石是一种网状结构的石块，由珊瑚虫分泌出的石灰质骨骼连接而成，骨骼之间布满了空隙，用珊瑚石建造的民居住起来冬暖夏凉，被称为"会呼吸的房子"。如今我国已经禁止开采海域中的珊瑚礁，这样独特的珊瑚石民居已成为历史，仅可使用和保护，不可再建造了。外表粗粝、饱经沧桑的珊瑚石和火山石民居，与屋前肆意生长的仙人掌、木瓜树和火龙果一道，呈现出涠洲岛最原始的自然生态。

盛塘村古老的天主教堂静穆地矗立在绿影婆娑的芭蕉林和菠萝蜜树林中，修道院石阶早已坑洼斑驳。这是盛塘村中也是涠洲岛上最著名的人文

盛塘村天主教堂的珊瑚石墙面

地标，于 2001 年被列为全国重点文物保护单位，是晚清四大天主教堂之一，也是广西解放前钦雷廉地区最早的天主教堂，是华南地区尚存最古老的天主教堂之一，至今仍在使用。盛塘村天主教堂历时 10 年建成，建筑总面积 800 多平方米，高 21 米，朝向南面。与当地的珊瑚石民居相似，天主教堂的主要建筑材料也使用了岛上盛产的火山

石和珊瑚石，再以螺壳灰粉饰外墙，至今外观依然保存完好。

盛塘村的天主
教堂是典型的文艺
复兴时期法国哥特
式教堂，内部富丽
堂皇，陈列与装饰
颇为神圣庄严。大
厅两侧有尖拱的大
窗，由彩色玻璃拼

盛塘村天主教堂

成，别致精巧，玻璃上绘有圣经中的故事图案，阳光从窗外直透教堂，
折射出五彩斑斓的光。教堂内有一座钟楼，钟楼里有石造的螺旋梯，
楼梯窄小，仅能容纳一人，盘旋而上便能看到钟楼顶挂着一口铸于
1889 年的白银合金大钟。教堂旁竖立着一座斑驳的两层神父楼，教堂
后有一个小小的欧式花园广场，种有百年芒果树、菠萝蜜，繁花似锦，
绿意盎然。

大海带来的信仰——妈祖文化

靠山吃山、靠海吃海，独特的地理位置让这里的村民大多以捕鱼
为生，他们已经习惯在这片无边大海中辛勤劳作。和中国其他沿海地
区的渔民一样，盛塘村村民大多敬奉妈祖。涠洲岛的妈祖文化历史悠

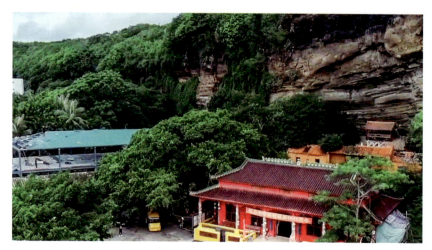

三婆庙

久，距今已有几百年。涠洲岛最初的岛民多数是从福建来到此处的客家人。岛民称其始祖为"三婆"，因为妈祖在其兄弟姐妹中排行第三。三婆庙位于涠洲岛南部南湾港附近，建于火山悬崖峭壁下，依山傍海，精巧别致。

　　每当过年或者部分节日的时候，渔民在出海打鱼前以及返航归来后都会使用鸡鸭鱼肉、珠宝首饰等敬拜妈祖。特别是每年妈祖生日——农历三月二十三日，还有收获的季节——农历十月，当地民众更是要举办隆重的庆祝仪式来感谢妈祖保佑这一年的平安顺遂和丰收。长久以来对妈祖的信仰，让村民保持着淳朴、善良的品格。在岛上，不管是哪一家有大小事情，邻里乡亲都会自觉前来帮忙。

新生活新生态 ——"网红"打卡点

清澈透明的海水、千奇百怪的珊瑚礁、种类浩繁的海产、干净的沙滩、温暖的阳光、凉爽的海风……这些元素让涠洲岛跃进"中国十大最美丽海岛"之列，吸引了国内外众多游客纷至沓来。而盛塘村这座始终保持着古色古香气质的传统村落，已成为涠洲岛上的"网红"打卡点，原本安静祥和的村子迎来八方游客。村民们抓住旅游红利大力发展"旅游＋集体经济"，有的自己开店，有的从事餐饮服务，有的参与客栈民宿保洁……日子过得越来越红火。水泥路、排污管道和燃气管道取代了以前的土路、土厕、土灶台，村子变得越来越现代化。为了当地旅游业的长足发展，村中还建立了环境卫生整治长效机制，配备了固定的保洁员，村中卫生环境得到明显改善，村容村貌焕然一新。

涠洲岛海岸公路蜿蜒曲折，深色的海滩、白色的细沙、黄绿色的藤蔓，颜色层叠交错，勾勒出海岛的轮廓。自然为笔，时间为墨，描摹着闲适与心安。盛塘村，这

渔船出海

座与天主教堂相伴的古老村庄，藏在时光的罅隙里，默默持守，让每个途经的旅人，得以放下尘俗的劳累，感恩每一次与宁静的相遇。

延伸阅读

旅游景点

海岛智慧书房

　　海岛智慧书房坐落于涠洲岛盛塘村天主教堂的附近，在建设选址时与"网红"打卡点相结合，体现出以文促旅、以旅彰文的理念，让游客在旅游的同时，方便快捷地接触、了解文化，有效推进了文化与旅游的有机融合，是文旅融合的典型案例。该书房是全国第一个无人值守的完全自助服务的海岛书房，读者可以通过手机办证、扫描电子证进入，自助完成借书还书等手续。

涠洲岛火山国家地质公园地质博物馆

　　北海涠洲岛火山国家地质公园地质博物馆位于涠洲岛南湾鳄鱼山景区游客中心综合楼二楼，是国家 AAAAA 级旅游景区，也是我国第一座建在海岛上的火山地质博物馆。它是集科学与娱乐于一体，把科普知识融合在游览之中的科普教育基地，也是一个信息展示平台。博物馆以典型的火山地质遗迹为主体，以奇特的海蚀地貌、自然景观及人文历史为展览主线，是一个集火山地质学知识、海洋历史文化、科研研究、娱乐休闲为一体的自然科学馆。

南湾鳄鱼山景区

南湾鳄鱼山景区属于国家 AAAAA 级旅游景区，包含了鳄鱼山、五彩滩、南湾海洋运动公园及部分海域，以美丽的海岛风光、典型的火山地质遗迹、奇特的海蚀微地貌景观、丰富的生态旅游资源和舒适宜人的气候闻名。

鳄鱼山位于南湾西侧鳄鱼岭，站在高远处望去，眼前的山岭像一只鳄鱼在大海中时起时伏，因而得名。鳄鱼山的环形游览线路属于左下右上，上下共 871 阶台阶，海边木栈道 1645 米。鳄鱼山集齐了典型的火山机构、种类繁多的火山景致及保存完整的多期火山地质遗迹，是整个南湾鳄鱼山景区最不容错过的景观。

五彩滩位于涠洲岛东部，因退潮后，海蚀平台在太阳光的照射下呈现出色彩斑斓的景色而得名。五彩滩属于涠洲岛上观赏海上日出的最佳位置之一，退潮时，大片大片的海蚀平台慢慢露出来，在海水漫不经心的打磨下，犹如一幅幅印象派独特的艺术画卷，让人叹为观止。运气好的话，在五彩滩可以同时看到海蚀崖、海蚀洞、海蚀平台三位一体的地质结构，这样的景观实属罕见。

滴水丹屏位于涠洲岛西部的滴水村，此处有很多火山喷发时涌出的岩石，大小形状各异，裸露的岩层红、黄、紫、绿、青五色相间，纹理异常清晰；崖顶藤树缠绕，红花绿叶倒挂崖头，旖旎多姿。巨崖岩层上长年涌动着水珠，不断地向崖下滴落。早前，岸上还有一块外表形态犹如一有眼、有鼻、有嘴、有头发的巨型侧面人头像岩石，但由于海蚀作用，现在已倒塌在沙滩上。

丰富物产

润洲米散

润洲米散于 2023 年被列入北海市第六批市级非物质文化遗产代表性项目名单，是北海润洲岛的特色小吃之一，也是岛上居民招待亲朋好友的传统小吃。只有在过年的时候，岛上的居民才会制作米散。"米散"在当地方言中谐音"无散"，意为团圆和睦，喻为亲朋好友心意相通，不离不弃。润洲米散制作工艺复杂，它的主要材料为糯米、花生、蔗糖，经蒸熟晒干糯米、烧热沙子炒制花生和糯米、熬制蔗糖、搅拌、压实切块等多道工序制作而成。润洲米散松软酥脆、甜而不腻、香甜可口，既有蔗糖的甘甜，也有花生米的香味。润洲米散不仅是民间传统小吃，还是代表着北海文化积淀的特色产品。

相关诗词

润洲

清·邱对颜

润洲对冠头，中若隔一发。

潮势俨盘旋，山形恍环缺。

其前一门呀，其后众墙兀。

泊可容百舟，屯合聚千卒。

有草翳而蒙，有泉清以冽。

飓作罕惊虞，帆飞频出没。

地气殊膏腴，渔人常窟宅。

蔚此雄岩都，何异神仙阙。

胡不筑城寨，徒弃作巢穴？

往者浮鲛鳄，此区成鼠窃。

倘使集鹳鹅，蝼蚁岂能啮。

珠崖秀文明，汉世犹阔绝。

区区巍中梁，端赖人造设。

况此本咽喉，尤宜城瓮铁。

下以联琼管，上以扼交越。

龙门兵雄多，拨守莫易辙。

暇则安耕耨，变则严简阅。

境是六鳌载，兵乃五丁掣。

老屋村：

千年古樟　围屋传世

　　斑驳的石板街，老旧的房屋，百年宗祠，时光留下的印记……这是位于广西北海市合浦县曲樟乡璋嘉村委中心的老屋村。老屋村形成于明弘治十八年（1505 年），一直以来都是陈氏客家人的传统聚居区，至今仍保持着独特的客家风俗习惯，此处的传统建筑也兼具福建客家土楼和地方文化特色。清康熙年间，老屋村建起了土围屋；至清嘉庆年间，土围屋逐渐形成规模。悠久的历史、独特的风景，让老屋村在2015 年被列入第一批广西传统村落名录，2016 年又被列入第四批中国传统村落名录。

　　六湖水库上游，大廉山下，老屋村所在的璋嘉村山清水秀、景色优美，是一方极富灵气的沃土。村子大体形状像古时候的礼器"圭"，呈上尖下方之形。因在历史演变中，村子大小常有变化，半"圭"又名为"璋"，因此而得名"璋嘉"。以礼器为名，显露出此地民众对文化礼制的尊崇。璋嘉村下辖老屋、新屋场、岐山背、坑尾、老屋场、元果墩等6个自然村，有2300多人，均为客家人，其中90%以上都姓陈，是汉朝廉吏陈实的后裔。

俯瞰老屋村

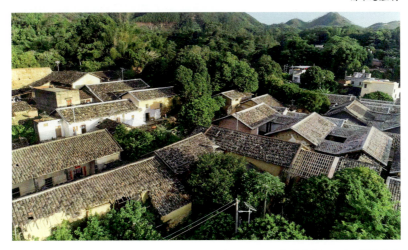

老屋村依山而建，围屋众多

传世土围守客家安稳

　　客家人的村落，总少不了围屋。这种兼具居住、防卫功能于一体的建筑，是正宗的"客家味道"。土围屋（城），因其主房四周外围筑以沙土为原料的高墙炮楼而得名。其建筑形式独特而丰富，房间廊道相连，生活设施五脏俱全，易守难攻，体现了客家人聚族而居、团结友爱的精神品质，是客家民居的主要建筑形式，也是客家人宝贵的文化遗产。

　　璋嘉村客家土围村落群由老屋村土围屋、岐山背村土围屋、新屋场土围屋共同组成。据《璋嘉筑围城序》说："自古王公设险以固国……我璋嘉四面峻岭崇山，虽云天生此险……不能恃山谷之，更加金城之坚也。如是聚众商议……恒倡筑围城之议。"璋嘉土围城建于清咸丰元年（1851年）。当年，先人们为了战胜恶劣的自然环境，抵抗匪盗野兽的侵扰，聚族而居，一担担黄土、一筐筐沙石、一块块木板、一根根木桩，手搬肩扛，历经数代人合力才夯筑建成土围屋。

　　土围屋的城墙主要以黄泥、石灰、河沙、糯米和红糖按一定比例搅拌后夯筑而成，高约6米，厚0.7~0.8米，城墙上不设窗户，但在土围城的不同方位对外开有枪眼。

　　土围村落群总占地面积12万平方米。一经建成，便经世悠悠，福泽世代子孙。历经岁月风雨，土围城虽已经破败，但留存至今的建筑主体仍骄傲挺立。这既是面对现实的姿态，也是对历史的一种祭奠。

夕阳下的土围城

土围城上的枪眼

千年古树守客家文化

古树之下，村史悠悠。能够见证千年风雨沧桑、荣辱兴衰的，除了名山大川，就是古树名木。

在老屋村陈氏宗祠门前，古樟树守护此处已有千年，荫蔽着从它身边走过的璋嘉村子孙。古樟树树身粗壮，须数人才能合抱，树皮斑驳，鳞甲满身，枝繁叶茂，郁郁葱葱。

百年老樟树

老屋村所在的璋嘉村里，树龄上百年的古树约有 300 棵，树龄最长的是古樟树。此外还有 500 多年的鸡嘴荔枝王古树，亦是当地人的镇村之宝，据说是在清康熙年间被陈氏先祖陈其萧发现。清同治五年（1866 年），清朝总理各国事务大臣陈兰彬于夏天巡视璋嘉村时，曾经品尝此树所产荔枝，对其大为赞赏。

文化名人显客家荣耀

　　群山叠翠、绿水环绕的深处，在璋嘉老屋村陈氏宗祠潜移默化地教育下，老屋村一代代客家人传承着来自先祖的客家文化与荣耀。

　　陈氏宗祠建于清嘉庆十九年（1814年），是北海市境内规模较大、保存最完整、文物最多、内涵最丰富的一间祠堂，1993年被公布为合浦县文物保护单位，2017年被公布为广西壮族自治区文物保护单位。

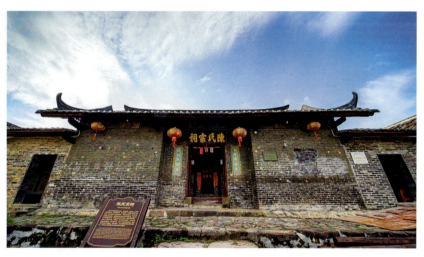

陈氏宗祠

　　陈氏宗祠呈现了传承千年的客家民间优秀文化。其选址十分符合客家人前水后山的建筑格局：前有池塘可化煞、防火灾，后有山岭可倚。祠堂门口的对联则体现了客家人慎终追远的文化——"家声传颍水，庙貌壮廉湖"，意喻陈氏族人源自河南颍川，在大廉山、六湖垌扎根后得以子孙繁衍。历经百年，仍能在细微处窥见陈氏宗祠的风采：墙顶瓦檐下，绘有一幅幅壁画，山水人物、奇花异草、飞鸟虫鱼、村落人家，琳琅满目，栩栩如生。

陈氏宗祠门口

陈氏宗祠的壁画

陈氏宗祠是老屋村中的地标，陈氏子弟曾在此处集中授课、开蒙教化。因此宗祠中的对联、牌匾常有对子孙的告诫，如修身之境界、持家之根本、处世之品行和交往之气量等格言，默默教化着子孙后代。祠堂正厅悬挂有光绪皇帝所赐的牌匾，嘉奖海南守将陈才业戍守琼州功勋，还拥有著名抗日名将陈铭枢、陈前（陈致中）等历史名人的文化遗迹等非物质文化遗产。

千百年来，璋嘉村诞生了不少风华人物、英雄儿女，他们忠贞爱国、奋勇向前的精神，给人以无限震撼与启示，被陈氏族人奉在宗祠里，留待后人学习。

在陈氏宗祠的屏风上还悬挂着三块牌匾——"翰林院庶吉士""赏换花翎""上将第"，分别纪念清朝翰林院庶吉士陈兰彬、两广总督府督标陈才业、革命战功卓著的陈铭枢。

岁月涵养了风骨，今天的老屋村，在灿烂的阳光下，客家晒场洋溢着一股幸福的味道，丰收的果实折射出耀眼的光芒。过往丰厚历史的沉淀，早已成为现在村落的宝贵记忆和文化。

民族民俗

书种节

　　璋嘉村历来重视文化传承，老屋村也不例外。近年来，包括老屋村在内的璋嘉村将传统助学活动命名为"书种节"，意为像培养书种一样发芽发节、生生不息，营造崇文尚学的氛围。"书种"是客家话，是客家人对有文化特别是古代考取功名之人的尊称。璋嘉村"书种节"的设立，引领了该村崇文重教的新风尚。2023年的"书种节"，璋嘉村奖励了33名优秀学子，共有300多人回村参加了活动。

旅游景点

陈铭枢故居

　　陈铭枢故居始建于1929年，于1984年被公布为合浦县文物保护单位，2017年被确定为北海市爱国主义教育基地。该故居原为一栋砖混结构、中西合璧的两层半楼房，由大门、主楼、炮楼、厨房、柴房、杂物房及土围墙组成，是典型的客家围屋建筑结构。故居在20世纪50年代末期被拆毁，近年按陈铭枢将军之女陈佛苏女士寄回的1938年故居照片样式复建了故居。修复后的陈铭枢故居是一座充满西洋味而又古色古香的二层小楼，用于展示客家文化和陈铭枢先生生平事迹。整幢楼坚固稳重，门口悬挂"真理唯马克思主义，如来是桂百炼先生"门联，透出一种刚强的力量，正像陈铭枢诗句所说的"中有贞刚气贯虹"。

陈铭枢故居俯瞰图

陈铭枢故居内部

传统美食

肥瘦肉夹猪肝

精选曲樟本地土猪腿股肉和厚的新鲜猪肝，用啤酒浸泡后将猪肝和肥瘦猪肉一同煮熟取出，晾冷后用利刀把肥瘦肉切成薄片，两块肥瘦肉中夹一块猪肝，装在瓷碟里，佐以蚝油即可食用。猪肝猪肉二者搭配吃起来肥而不腻，清甜爽口，是曲樟乡最具本地特色的客家美食之一。

猪脚扣

精选曲樟本地土猪前腿，配少许蒜、姜、白酒冷水下锅煮；煮熟后用牙签扎皮，用白醋、老抽刷皮待干，再将皮向下油炸至金黄。炸好的蹄肉放到凉水中泡软切小块，用生抽、蚝油、糖、葱花、五香粉、柠檬调匀上色后回锅蒸，即成具有曲樟特色的猪脚扣。猪脚扣香甜肥美、入口劲道，是曲樟家宴不可或缺的一道经典美食。

历史名人

陈铭枢

陈铭枢（1889—1965），字真如，北海市合浦县曲樟乡璋嘉村人。早年加入同盟会，曾先后参加武昌起义后的武汉光复、北伐、国民革命军东征等军事行动。1928年被任命为广东省政府主席。"一·二八"事变后，陈铭枢率所部十九路军主持了著名的淞沪抗战，后曾任京沪卫戍司令长官、国民党总政治部副主任、南京国民政府军事委员会委员等职。1933年冬，他与李济深、李章达等发动震惊中外的"福建事变"，与蒋介石决裂。

1948年1月，陈铭枢协同各民主组织在香港成立中国国民党革命委员会，为"民革"重要创始人。中华人民共和国成立后，曾任中央人民政府委员、中南军政委员会副主席、交通部部长、全国人大常委会委员、全国政协常委、中国国民党革命委员会中央常务委员等职。

陈前

陈前（1905—1942），原名陈致中，祖籍合浦县曲樟乡璋嘉村。1931年，他毅然送妻回乡，后投身当时任京沪卫戍司令长官的陈铭枢部下，尔后跟随十九路军调往京沪。1932年，上海"一·二八"抗战时，在十九路军军长蔡廷锴的指挥下，陈前和战友们跟日军展开了浴血奋战。十九路军奉命调往福建"剿共"，他却留在上海做地方工作，与中共地下人员取得联系，并积极参与地下党活动。1936年，他被送往延安抗日军政大学学习。1938年，加入中国共产党。在抗日战争期间，他历任晋察冀军区一分区六团参谋股长、副营长、副团长。1942年5月12日，陈前在河北省易县钟家店西北山顶的战斗中牺牲。

扫码探秘传统村落

龙脊村：

梯田原乡　山脊巨龙

　　秋收时节，群山环绕中，盛满稻穗的金色梯田依龙脊山而叠，似金龙盘绕山坡，这就是位于桂林市龙胜各族自治县县城东南的龙脊村。

　　龙脊村地处南岭山地，坐落于巨大山脊之中，风景独好，发展至今已有 400 余年历史，被称为"九山半水半分田"。村中遍布 50 余条涧水与 4 处山泉，村外金沙河盘绕；村后，延绵不绝的梯田环绕龙脊山，水光山色两相映；从高空俯视，可以看到村中寨子自上而下垂直分布，壮族干栏式建筑群顺应山势而建，高低错落、有序排列。水光云影映照中的梯田、别具风情的民族文化，让龙脊村于 2012 年被列入第一批中国传统村落，2015 年被列入第一批广西传统村落名录。

梯田之上的龙脊古壮寨

龙脊梯田　秀冠天下

　　早在明万历年间，此地已有了梯田耕作。迁徙到此处的山民，面对横亘在面前的深山，依靠最原始的刀耕火种，开创了属于他们自己的家园，祖祖辈辈在此扎根。他们凭借血汗与智慧，筑造了心中的"龙脊"——龙脊梯田，即在龙脊山上开发出的梯田。因此处梯田主要分布于龙胜县东南部和平乡境内，故又称为龙胜梯田。

龙脊梯田风光

　　俯视龙脊梯田，一层连着一层蜿蜒的梯田，仿佛湍急的河水，不断绵延向白云缭绕的山间流淌，蔚为壮观。龙脊始祖田的所在地就是龙脊村梯田的发源地，在这里能够观看到龙胜古壮寨的全貌景观，一层层梯田就好像是一圈又一圈的年轮，记录着龙脊先民开山造田、历经沧桑的画面，还有他们的勇敢和一腔热血。龙脊梯田规模宏大，多数在海拔 300~1100 米之间，最大坡度达 50°，由东向西分别是金坑大寨红瑶梯田、平安壮族梯田、龙脊村梯田。

　　龙脊村梯田亦称平安梯田景点，开造于元末明初，完工于清朝末期，至今已有超过 600 年历史，以梯田和民居的相互映衬为主要特色。梯田千姿百态，从山脚一直盘绕到山顶，其形似塔，如链似带。

　　龙脊梯田景色不仅四季多变，甚至一日多变。"春如群龙戏水、夏滚道道绿波、秋叠座座金塔、冬似条条银带。"每逢晴日，清晨山雾环绕，梯田与民居在雾中如梦似幻；午时阳光灿烂，视野开阔，远山美景尽收眼底；傍晚夕阳余晖西洒，霞光万丈。

壮寨吊脚楼　古风古韵

不到龙脊村，不知古壮寨。龙脊村远离中原，地势险要，交通不便，受中原文化影响较少，龙脊村壮族先民以其勤劳和智慧，顺应当地地理环境，创造出与其他地区民居风格迥异的建筑形式——壮族干栏式吊脚木楼建筑。

龙脊村保存有广西乃至全国最完整、最古老也是规模最大的壮族

古寨的吊脚楼

干栏式吊脚木楼，有 5 处吊脚楼距今已有超过百年的历史，最老的吊脚楼甚至已达到了 250 年历史，可谓饱经岁月沧桑。

古寨的吊脚木楼顺山势而起，从遥远的地方望去，整个山寨正好在山腰之上，周围的梯田就像一圈圈飘带紧紧环抱着村寨。这里也是干栏式建筑保存最完整的地区之一，生活着 200 多户 1000 多名居民，村寨里的居所都是用木头建造的干栏式建筑。村民们在复杂多变的地形上发挥智慧，或垒台，或架空，或悬挑，所造民居与环境有机地融为一个整体，建筑造型质朴多样，充分体现了民族特色。因此处平地较少，大部分干栏式建筑都仅有屋子，没有院落。此处的民居一般都为两层，每户大约 150 平方米，一楼采用 20 根粗大的圆木作为支撑，二楼则需用上 24 根，上以瓦片盖顶，四周围以平整的木板，由此形成一个宽敞独立的空间。一楼主要用于放置衣具、农具等生活用具，或者圈养牛、猪等动物，二楼则是主人的房间，房

村寨干栏式建筑群图

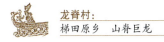
中设置有火塘，用于全家人活动或者接待客人，有的民居里还设置有阳台。

龙脊村中有一座100多年古屋木楼，约兴建于清同治年间，由侯永胜和侯益祥父子建造，是龙脊仅存的7座百年古屋之一，至今仍有人在居住。该木楼全以松木修建，采用"榫卯相扣"的中国传统建筑技艺，以凿榫、打孔、木栓穿合。这座木屋使用至今，仍然保持着原本样貌，保存着许多旧时生产使用的老物件和生活用具，单是各种材质的捕鱼工具就有多达数十种，而房中的"一柱四门"更是龙脊地区早期的"套间"。

除干栏式建筑外，此处还保留着壮族连屋，这是一种由几户人家连在一起的建筑，也是壮族代表性建筑之一。

青青石板　悠悠岁月

龙脊村的壮族石刻随处可见。龙脊先民利用当地的石材，创造了独具特色的壮族石文化，是龙脊人民勤劳与智慧的象征。寨子内可谓是"三步一石、五步一刻、十步一碑"，处处都是石文化的痕迹。有内容丰富、形式多样的石碑刻，百回千转的石板路，清幽古雅的石板桥，高低错落的吊脚楼石地基，还有各式各样的生活用品，如太平清缸、三鱼共首、石水槽等。

龙脊村的部分石刻

村中寨门也都是用长条石建造而成。沿着碎石块堆砌而成的石阶，在繁茂古树掩映下蜿蜒而上，尽头便是龙脊村进寨石门。这道石门建于光绪八年（1882年），由大块石料开凿而成。据传，这块石料非常沉重，当初由300多人合作抬回，再请石匠凿成进寨门和出寨门，剩余材料则做成了20多米长的石护栏杆。

寨门的门头上刻着"万年门"的字样，两侧刻有对联"金门百代耀福村，古树千年荫古地"。出寨门门头则刻有"福圣门"的字样，两侧刻有对联"古寨千年阳吉地，石门万载耀福村"。石寨门至今仍矗立村寨东西两面，默默地守护着这一方水土。一束阳光透过门缝而入，仿佛与门外是两重天。中午时分，阳光照在门上，门里门外会出现一面暖阳、一面阴凉的景观，因此这道门也被当地村民戏称为"阴阳门"。用力推开吱吱作响的石寨门，如同打开了历史的封印；踏着石板桥，如同穿越百年走进了一座石头城。

村中的道路桥梁、房屋的地基也是用石头作为主材修建。村寨里的石板桥上几乎都刻有道教符号，比如莲花、宝剑、太极、八卦等。它们就像村中的守护神，默默地守护着村民。"三鱼共首"是龙脊村风雨桥上著名的石刻。一块"三鱼共首"的石板见证了这几百年光阴，记录了壮族先民的同心协力。

层层叠叠的梯田掩映云间，如同一幅泼彩山水画，气韵绵长，引人入胜。清晨，山谷的轮廓在朝霞映衬下若隐若现，山峦连绵不绝，山路蜿蜒曲折。山谷之间，错落有致的梯田如阶梯层叠，宛如青翠的阶梯通向天空。这片山谷和梯田，是龙脊村世代居民勤劳耕耘的见证，也是大自然的馈赠。

民族民俗

壮族山歌

龙脊壮族山歌是宝贵的非物质文化遗产。壮族山歌最早作为人们沟通的方式之一，记录了龙脊壮族的历史变迁。从前，壮族山歌的传承主要依靠口口相传，但随着时代的变化，如今龙脊壮族山歌已不再随处可闻，逐渐被汉化，与传统的壮族山歌已有不同。幸好还有当地的山歌歌手作为壮族山歌传承人，守护着传统，他们把壮族山歌翻译成汉字，把音律留存成录音，使龙脊村的文脉得以生生不息。

龙脊壮族生态博物馆

龙胜龙脊壮族生态博物馆是壮族历史资料和展品最全面的博物馆，主要介绍龙脊梯田、地方历史、生产生活和非物质文化遗产等方面的内容。馆内常设基本陈列、龙脊神韵、壮家风情展，廖家寨、侯家寨、潘家寨为其保护范围。

龙脊壮族生态博物馆展示区

旅游景点

金坑红瑶梯田

金坑红瑶梯田观景区位于大寨村内，又名大瑶寨梯田观景区。金坑的地形像一个巨大的天坑，站在坑的最底下仰望一圈，可以看到高高的坑沿上一坡连着一坡，坡上就是那些层层叠叠直奔云天的梯田。梯田沿着山形不断延绵，就像是一条向上飞跃的巨龙。与平安梯田相比，它展示的是一种粗狂但十分令人震撼的美。

平安壮寨梯田

平安壮寨梯田观景区是龙脊梯田三大景观区之一，位于平安村。平安村共有190户700多名村民，主要为廖姓，以壮族为主。平安壮族梯田的最高海拔达到880米，最低海拔在380米。这里有七星伴月、九龙五虎、金佛顶、千层天梯等观景点。

康熙兵营旧址

此为清康熙六年（1667年）朝廷为平定湖广少数民族起义在龙脊扎兵驻营的旧址。旧址有石刻，全文刻着"大清康熙六年（1667年）正月吉日，分守广西永宁兼辖永福义宁等处地方参府马奉全，统兵征剿湖广城步妖徭（瑶）到此札（扎）营，同营孟纪义宁县正堂李刊石永记"。

丰富物产

龙脊四宝

龙脊茶、龙脊辣椒、龙脊香糯、龙脊水酒，被称为"龙脊四宝"。

龙脊茶作为清乾隆年间的贡茶，是全国二十八大大名茶之一，被《中国茶辞典》所记载。龙脊茶味清香浓醉、生津止渴，茶内富含氨基酸、生物碱等多种对人体健康有益的微量元素，有助于强身健体，是减肥美容的茶中珍品。据龙脊茶地理标志申报材料记载，龙脊茶是从宋朝末年开始种植的，那时候的龙脊茶主要是从野生的大叶茶移栽到龙脊先民的屋后房前或者自家田园之中。2015年，"龙脊茶"被国家批准为国家农产品地理标志登记保护。

得益于龙脊的独特地理位置和环境，这里雨量充沛，气候宜人，适宜种植辣椒。龙脊辣椒主要为牛角形，果皮鲜红光亮，果实坚韧，皮厚子小，风味独特。龙脊辣椒含有多种人体所需的维生素，具有开胃提神、驱寒除湿、增进食欲的功效，是独特的佐料佳品。

龙脊香糯可用于制作多种食物，用其酿造的水酒香甜浓醇，用其制作而成的粽粑、年糕、米花、汤圆、糍粑、糯米饭等特色小吃口感好、气味芳香，有"一田种糯遍垌香，一家蒸糯全村香"的美誉。

龙脊水酒为龙脊壮族特有的酒中佳品，味甘甜醇香、清爽可口，专门用来招待贵客。上等的龙脊香糯是酿造水酒的主要食材，配以甘甜山泉及传统的龙脊酿造方法才能让龙脊水酒芳醇爽口、润脾生津。

江头村：

青莲绽放　君子高风

"予独爱莲之出淤泥而不染，濯清涟而不妖，中通外直，不蔓不枝，香远益清，亭亭净植，可远观而不可亵玩焉。"脍炙人口的千古名篇《爱莲说》，伴着沁人心脾的莲香，在江头村的上空回响。位于桂林市灵川县九屋镇的江头村，相传是由北宋著名文学家、理学家周敦颐的后裔，于明初从湖南迁徙至此而建。

江头村以爱莲文化为核心，尊学重教，历史文化积淀深厚，文物古建众多，自然景观优美，2005年获"中国最具旅游价值古村落"称号，2016年公布为全国重点文物保护单位，2007年被评为"中国魅力景区"，2012年被列入中国传统村落目录，2014年又被评为"中国历史文化名村"，2015年被列入第一批广西传统村落名录。

江头村一景

江头村黛瓦飞檐的古建筑群

    江头村位于护龙河西畔，四面环山，北有黄家坡，南有九仙山，西有五指山，东北方向是将军山，东南方向是仙人山，正东的笔架山、龟山、玉印山形象而神似。村落坐西朝东，护龙河、东江河、龙颈河蜿蜒穿过，河水清澈，水量丰富，河边植被繁茂，绿树成荫，风景优美。

    江头村村落布局科学合理，村东面良田千顷、山峦叠翠；村西面苍松翠柏，古树参天。村内建筑环境景观丰富，至今仍保存着完好的元明清三代古建筑，包括太史第、同知府第、进士第、闺女楼、荣禄大夫第、武魁第、提学第等。这些古建筑大多青砖垒墙、黛瓦盖顶、飞檐出甍、庭廊挂落，兼具徽派建筑与桂北本土房屋风格，成为桂北村落民居的典型代表。

　　江头村有四条著名的街巷：秀才街、进士街、举人巷、迷宫巷。鹅卵石铺就的路面湿润光滑，路面上还别出心裁地用鹅卵石铺出太极图、谷物、鱼等图案，寄托着村民们美好的愿望。顺着鹅卵石街巷，可以通往村内各处古建筑。

古建筑飞檐翘角

　　太史第位于进士街上，约建成于 1848 年，由被誉为"清时桂林四大才子"之一的周冠所建。从远处望去，太史第整体形象清新俊逸，比例和谐华美、尺度宜人；予人印象深刻的，是它的院落布局，大门、山墙及镂空雕花。

太史第

　　闺女楼位于该村清朝古建筑群的西面，是目前保存较好的清朝建筑。其精湛的建筑艺术和高超的雕刻艺术，均代表着江头村民居的特色。闺女楼是周氏族人专门为女孩读书而特设的私塾室和闺房，由一栋一层建筑和一栋二层建筑组成，院内鹅卵石地面基本保存完好。

闺女楼

质朴高洁的爱莲家祠

爱莲家祠是江头村古建筑中的标志性建筑，坐西朝东，是一座五开间、六进深、青砖包墙硬山顶的木砖构建筑，占地 1200 平方米，始建于清光绪八年（1882 年）。

爱莲家祠台阶均以长石青砖铺就。家祠内楼阁连立，典雅庄重、华丽壮观，各进的楼阁厅室雕工精湛。大门楼分三个入口，中间为大门，左右各有一小门。大门两侧挂着一副对联，上联是"三德乡举选"，下联为"宗盟会法传"，横批"爱莲家祠"。走进大门楼便来到天井，天井长约 14 米，宽 3 米，通向兴宗门的石青砖台阶总高度约 1 米。兴宗门，取振兴宗族之意。门内是村中族人开会议事、供奉祖先和读书的场所，承担着教育、文化与公共活动等多元功能。

家祠内的文渊阁、两侧的厢房和前面的院落组成了整个宗祠的核心，是举行重大礼仪活动的场所。庭院中轴由青石板铺贴而成，长 11 米，宽 6.5 米，两侧厢房中轴对称。其中最精华的建筑是文渊阁，为一座抬梁式硬山顶，三阶马头墙，并带有干栏式建筑风格的砖木结构二层建筑。楼下正屋悬挂着周敦颐的画像，两边用阳文镌刻《周氏家训》，上方高悬一块匾额。文渊阁二楼有两侧上下的楼梯，二楼的过道为青砖铺设。楼上分为五间，设有三厅八室，阁中"先代贻谋由德泽，后人继述在书香"等对联及"心诚功就，水滴石穿"等字画，潜移默化地影响着一代代周氏子弟。

爱莲家祠的建造，体现了周氏后人严格秉承先祖家训衣钵，借助建筑作为文化的具体表现形态，将家族理念——爱莲文化烙上不灭的烙印：如柱础镂花的莲花造型，又如家祠中代表淤泥的黑色梁柱、代表莲花的红色壁板，一一诠释了"出淤泥而不染"的寓意，散发出质朴高洁的文化内涵。在不同的历史时代，爱莲家祠都发挥着重要作用。落成年间，家祠就具有读书教育的功能，宗祠里的爱莲书院可与桂林书院相媲美。民国年间，爱莲家祠改为蒙正民国基础小学。现如今，这里仍是江头村的重要活动场所，是后人领略爱莲文化的首选之地。

爱莲家祠

崇文清正的家风家训

与爱莲家祠互相呼应的是一座高 8 米、塔座为正方形、四方三层的字厨塔。每层有砖券拱窗，腰檐反翘，翼角挺举，四角挂有铜铃。塔身嵌有镌刻浮雕，绘有彩画，结构精密，体魄宏大，高耸突出，气势壮观。

江头村周氏家族自古以来有一个不成文的规定：凡是作废的书籍、字画等一切写有文字的纸张、试卷、作业都不能随意丢弃，必须于农历每月初收集起来，在农历每月十五集中拿到字厨塔焚烧。该塔体现了江头村周氏家族尊重知识、爱惜文字的家族教育传统。

字厨塔

由周氏后裔周启运总结而得的《周氏家训》，全文共 80 句 320 字，基本内容皆为尊先祖祖训，包括"出淤泥而不染"等经典，涉及"真诚、和谐、积德、行善、奉献"等方面，还有用以规范周氏后人"规行矩步""立身厚道""尊老爱幼"，以及"出仕为宦，官清吏瘦；摄职从政，报国为民"。

　　传承着先祖家风家训，江头村周氏家族管教严格，推崇读书风气，因此文风鼎盛，科第连辉。明清以来，族中人才辈出，共出现 170 多名秀才、30 多名七品以上官员。更为难得的是，不论在何处为官，江头村周氏子弟皆清正廉洁、政绩突出，在老百姓中有口皆碑：周冠任汝宁知府的 4 年时间里，断案不下百起，无一冤假错案，被百姓称为"周青天"；周启运任江宁盐巡道兼江宁布政使时，大兴农事、消除水患、重教修学、捐薪救民，被清钦差大臣林则徐赞为"循良第一"；周启稷曾历任永安、平谷等 6 地知县，两袖清风，执法如山，每到一县均受到称赞；周履谦历任四川梁山、盐源等县知县及简州知州等职，常以"贪一文断子绝孙，冤百姓男盗女娼"严于律己，寿终时"内无余帛，外无盈财"，当地百姓自发筹集旅费，将其灵柩从四川运回广西安葬，并为其立祠塑像，祠中刻有楹联——"官民鱼水情深，功德永传青史"，横批

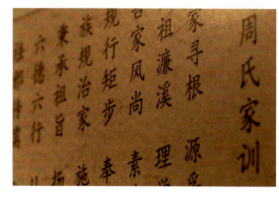

周氏家训

"廉政爱民"。

数百年来，江头村人牢记祖先教诲，谦虚低调做人、清正廉洁做事，生活在这方清莲盛开的秀美之地，秉持着中通外直、高洁不染的气节，悄然绽放，香远益清。莲花年年盛开，而江头村的故事，还在继续。

延伸阅读

民族民俗

爱莲文化

江头村爱莲文化是以周氏先祖周敦颐的《爱莲说》为精神理念，集教化育人、提升人格、为官清廉、崇尚儒学、增智博学于一体，系统性治国持家，行事做人的文化信仰。江头村的古建筑群充分体现了爱莲文化。清朝时期，江头村就建立了爱莲堂，兴建爱莲读书院。现存的爱莲家祠是弘扬先祖爱莲文化的见证。2007年，

江头村的莲花

江头村的爱莲文化被列为广西壮族自治区非物质文化遗产。

姑娘节

姑娘节是江头村特有的纪念东山子兑姑（满姑）的节庆活动。传说子兑姑是古代一位心灵手巧，勤劳善良的种养纺织能手，江头村人为了纪念她，便把每年农历五月十四日定为姑娘节。这一天，村民们欢欣鼓舞地举行一系列富有浓郁民俗文化特色的庆祝活动，他们在东山脚下用轿子抬起子兑姑的塑像到村中巡游，紧随塑像的是由四个姑娘抬着的巨大木梳，再后面跟着的是舞龙、舞狮队伍。在锣鼓喧天、礼炮轰鸣的热闹气氛下，巡游队伍走遍江头村的各个街巷。每过一户，都会受到户主的鸣炮欢迎或香烛敬奉。巡游过后，村民聚在一起观看民间艺术表演，如舞狮跳舞、竞技对歌，直到夕阳西下，才将子兑姑塑像送回原处。随后，大家回家宰杀鸭子，斟酒举杯，阖家聚餐。吃罢晚饭，姑娘节的活动才算结束。如今，姑娘节已被列入广西壮族自治区非物质文化遗产代表性项目名录。

打糍粑

打糍粑是桂北地区常见的过年习俗，通过不断捶打，将石臼里煮熟的糯米变得富有弹性且黏腻，寓意丰收团圆。在江头村，打糍粑是要赶趟儿的。清晨，村里的青壮年抬着沉重的石臼，一家接着一家地走，打完一家又换下一家；村民会把打好的糍粑分给家里的老人和小孩和前来帮忙的左邻右舍，在不断地接力传递中熟络感情。与其他地方不同的是，江头村的糍粑上印有《周氏家训》的内容，如"廉""敏事""慎言"等。

旅游景点

护龙桥

护龙桥位于爱莲家祠的东南面，是一座高 4 米、宽 5 米、跨径达 8 米、拱圈厚 1 米的敞肩拱式单孔弧形石拱桥，因横跨护龙河而得名。桥身通体用大青石块砌成，横跨护龙河，东接字厨塔，西连夹石碑。明万历十二年（1584 年），江头村周氏三代祖周奉出资建成此桥。西面上桥的台阶有四级，意为"出仕"；东面上桥的台阶为七级，意为周奉是周氏家族第一位七品官员，也寓意取仕归家的周氏子弟均为七品以上官员。桥拱顶端距水面 4 米，意为当官后要清廉公正才可"事事如意"。

五代知县家宅（布政使宅）

五代知县家宅是江头村著名的私宅，建于清道光年间。宅内曾出过五代知县，分别是高祖周培正、曾祖周凤仪、祖父周履泰、父亲周启运、儿子周永。

该建筑的墙体全部采用青砖砌筑，内部以木制板材进行分隔，门窗上都有精美的雕刻，两侧山墙上建造了马头墙，墙头高出屋顶，轮廓呈阶梯状，变化丰富。其以中轴线对称分布，面阔五间，进深十三架，中

五代知县家宅

间厅堂，两侧为室。厅堂前有天井，便于采光通风，亦有"四水归堂"的吉祥寓意。整座家宅高墙封闭、墙线错落有致，黑瓦白墙，色彩典雅大方。

传统美食

九屋圆子

九屋圆子是江头村著名的特色菜品，以鲜香脆软的丰富口感和团圆和睦的美好寓意而闻名。在当地，有"不吃圆子就不叫过年"的说法，九屋圆子是过年必备的菜品之一。其圆子呈三角状，在炸得金黄的豆腐皮当中，填入当地所产的生态猪肉、无公害香菇、野生冬笋等新鲜食材，或蒸或煮，呈现独特美味。

酿菜

江头村酿菜以豆腐酿和苦瓜酿为主，用豆腐或苦瓜作为外皮，包裹糯米或猪肉等不同食材，做成不同种类的酿菜。此种做法中和了食物原本较淡或者较浓的味道，再配以当地特有的辣椒碟，香辣可口，微微带有点甜味，令人回味无穷。

旧县村：

秘境古韵　深藏心间

　　遇龙河是阳朔境内最长的一条支流，素有"小漓江"之称，不是漓江胜似漓江。它被云雾缭绕的青山包裹着，河水清澈见底，如同绿色的翡翠，水下可见鱼儿闲游，水上不时有竹筏摇曳而过。河上游人如织，泛舟嬉戏，或三五成群，或成双成对，俨然一幅绝美的水墨山水画卷。

遇龙河及两岸风光

旧县村坐落在距遇龙河边只有 500 米的凤冠山脚下，隶属桂林市阳朔县白沙镇，距离阳朔县城仅 12 公里，车程 20 分钟。旧县村始建于 1400 多年前，唐武德四年（621 年）桂林阳朔分置归义县于此，621—627 年此地为阳朔县衙所在地，直到贞观元年（627 年），裁归义县，并入阳朔县，从此以后便将原归义县旧址称旧县，故得名旧县村。据《阳朔县地名志（重修本）》记载，旧县村面积 12.23 平方千米，属岩溶地貌，主种水稻、水果，以旅游业为支柱产业。由于建村历史悠久，自然风景优美，多数建筑保存较为完好，旧县村于 2012 年被

旧县村村容村貌

列入首批中国传统村落名录，2014 年被评为"中国历史文化名村"称号，2015 年被列入广西传统村落名录，2019 年获得"国家森林乡村"称号。

凤冠山下好居所

　　旧县村村前是一片开阔的盆地，形似巨大的书桌；村背后的凤冠山山如其名，像一顶凤冠，起伏绵延，构成了"觅龙"之势；纵横阡陌的田野中，遇龙河蜿蜒穿梭，形成了"观水"之势；远处，笔架山上三座山峰并列，形成"察砂"之势；南面，砚台山树立村旁，构成朝山的"砂势"。住在村中，此等美景开门可见，村民们还形象地把它们比喻成官帽、玉带、笔架、砚台。

　　由于阳朔地区属喀斯特地貌，遇龙河两侧都是连绵起伏的峰丛。旧县村位于一片盆地之中，仅有一条小路由白沙镇南侧蜿蜒而入，穿过寨山与凤冠山之间的坳口，方可进入这片村庄。因为地处崇山峻岭之间，旧县村村落布局大部顺应山地的走势进行排列——背靠山头呈梳式。村前是大片的田野，开阔疏朗，村背则靠山、面田、临溪。旧县村在如桃花源的地方静静绽放，诉说着千年的故事。

街巷纵横古意浓

旧县村四面多山，街巷受山势影响，主要呈现二纵的狭长带状，由两条街巷贯穿村落东西，与横向较短的街巷组成村子的整

旧县村明清古民居建筑样式

体街巷结构。旧县村的青石板路两旁，斑驳的石板、灰瓦白墙、高大的马头墙、雕龙画凤的瓦梁，见证了时光在这座村庄雕刻下的岁月痕迹，古意盎然。

旧县村整个村落布局大致分为西、中、东三个板块。村子西侧是参差不齐的低矮土砖房，大多为清朝早期的古民居建筑；村中部是黎氏宗祠及明末清初的古民居建筑；村东部则是排列整齐、气势恢宏的清水砖墙大宅。由此可见，整个村落的古民居是以黎氏宗祠为中心向东西部拓展，历经数百年，逐渐形成了现在的格局。整个旧县村道路布局纵横交错，每条道路的入口均设有门楼关卡，既起到了安全防范的作用，又显得整个村落格外的古韵悠长。

青砖黛瓦诉辉煌

　　旧县村为湖南黎氏家族南迁至此后形成的村落。整体建筑风格多受湖南地区文化、建筑的影响，又带有儒家文化精髓，院落整体布局严谨、对称，建筑风格则自由、灵活，体现了中国传统建筑的特点和美学的完美结合。村里现存的古民居多为清朝建造的青砖大瓦房，房屋共计44座，院院相通、户户相连，院中有院、门中有门，占地面积约5400平方米。每个院落都是规整的长方形，宅院居中的大屋大门正向朝外，两侧宅院则大门朝里，门与门彼此照应，院与院紧密相连，排列有序，错落有致，是典型的明清封闭式庄园。

马头墙造型图

　　黎氏宗祠在旧县村中心，是由黎姓族人建造的祠堂。黎氏宗祠重建于

黎氏宗祠正门

1938年，两进三开间，硬山式青瓦顶，气势雄伟，庄重森严。祠堂门廊上方是卷棚式天花板，用木方曲成弧形竹节纹，漆以深红，色泽艳丽。祠堂门窗、瓦梁雕刻着细致精美的花纹，虽已结满了蛛网，但木质精良、雕工细致，至今保存完整。黎氏祠堂的门头下，高悬着"文魁""武魁""进士"三块牌匾。其中，"文魁"黎启勋是清光绪二十一年（1895年）的文举人；"武魁"黎怀治是清嘉庆十五年（1810年）的武举人；"进士"黎近良是清嘉庆年间的进士。黎氏祠堂见证了这个村落辉煌的历史，祠里的碑文记录了黎氏家族在旧县村的历程、名人和家族传统，"耕读传家"的生活理念至今仍记载在黎氏族人的宗祠中。每年清明节，黎氏族人都会回到宗祠举办祭祖仪式，同时开展募捐活动，筹集教学基金，用于奖励村里的大学生。

黎氏宗祠东面是黎家大宅邸，也叫"进士庄园"。进士庄园背靠凤冠山，前面是一片田地，并列有四个组群，依地形而建造，前后错开，但又户户相连，是古民居在安全防卫方面的典范之作。进士庄园的得名，一是该组建筑群规模庞大，所有生活起居足不出户便能得到解决；二是所有建筑均在两层以上，且在临街的一面设计了上下两层的众多射击孔，可用于防卫；三是天井回廊层出不穷，曲折蜿蜒，犹如迷宫；四是当年黎氏家族自清朝以来，累有进士题名，故得名"进士庄园"。其中最气派的建筑当属"进士第"，因清光绪年间进士黎启勋在此处成长而得名。这座老宅面西而立，正面外墙除了高大的正门外，少有开窗，条石墙基、青砖墙体挺拔厚重。墙体多以整块石料雕刻而成，各个方向还布设了内宽外窄的枪眼和监视孔，诉说着它在特殊年代的防御功能。门前尚存一对拴马石，石坊上刻有"举人黎启勋丁西仲春月吉日"字样。

老房子　新创意

遇龙河的美景，古老精美的建筑，让旧县村重新焕发着生机。在这样一个不大的小山村里，一栋栋由老房子改建的、中西合璧的特色民宿不断涌现。

民宿经营者把村里的旧房子重新进行改造，在保留古民居原有的房屋结构的基础上，对室内进行了一定程度的现代化装修。古老的宅院中，有可以触摸到的斑驳的院墙、雕花的门板、刻字的古井，还有西洋的装饰与古旧的中国传统物件，融合成了一系列中西合璧的创意空间。这些特色民宿在最大限度地保留老房子特色的同时，通过创意设计，让老宅重新焕发新的生机与灵气，既保护了百年历史的桂北民

民宿小院内场景

民宿大门

居老宅，又吸引了四方旅人接踵而至。"网红"民宿是旧县村的新商机，让民宿业成为旧县村支柱产业。

在国内旅行，"慢下来"成为一种新的选择，而在旧县村这样古老而宁静的村落可以轻易做到。青石板小院里种着桂花树，满院飘香，女孩坐在树下酿着桂花酒；古老的巷道中，坐着摇蒲扇的老奶奶，看着在路上嬉戏奔跑的孩童，缓缓微笑；田间有蔬菜，地头有白鹅，风吹阵阵稻花香。这个宁静的古村落，仿佛一颗宝石般镶嵌在绿意盎然的大自然中，散发着岁月静好的味道。

村内旧雨新知，黄昏后，入夜前，乡村的宁静，泥土的芬芳，蛙鸣狗吠和自然山水的和音，人们在这里做短暂的休养生息，让遇龙河的山水精华滋润着疲惫的身体和心灵。

延伸阅读

旅游景点

仙桂桥

仙桂桥在旧县村西侧，横跨东晖水，始建于宋宣和五年（1123年），是广西现存最古老的单拱石桥，也是阳朔县三大古石桥之一。1994年7月，仙桂桥被确定为广西壮族自治区文物保护单位。桥长25.8米，净跨5.5米，宽4.16米，高2.2米。仙桂桥建筑结构十分独特，采用极为罕见的并列

砖法，281块桥拱券石分9组并列干砌而成，数块完整的石板横搭桥面，历经近900年风雨侵蚀和无数次洪水冲刷仍完好无损，令人称奇。桥下四组券石上刻有记载建桥始末的文字，另有两块券石刻有附近村人施功德的记录。仙桂桥及这些文字记录是研究古代桥梁建筑艺术及民俗民情的珍贵史料。

归义古城

归义古城在旧县村内，也称归义石城，始建于唐武德四年（621年），其遗址为阳朔三大古城遗址之一。归义古城占地30余亩，现仅存黄土夯成的城墙，城墙厚6米、高3米，四周各长200米，构成正方形城郭，城郭东、南、西方向各开一门。现如今城内大部分已辟为农田，尚有一口"守旧"的古井和一片果林。

遇龙河

遇龙河，古时又称安乐水，后因中游有著名的遇龙桥，故改为现名。遇龙河发源于临桂区白粘岭，流经旧县村，最后与金宝河相交会于青厄渡，并一同流入田家河。遇龙河全长43.5公里，有"小漓江"之称，是阳朔山水的精华所在。遇龙河两岸群峰叠嶂，绿树成荫，田野纵横，村庄错落，有富里桥、遇龙桥、仙桂桥、归义古城、旧县古民居建筑群等风景名胜，是世界闻名的旅游景区。

遇龙河是阳朔山水的精华

"秘密花园"老宅子

　　南非建筑师伊恩 2009 年来到阳朔旧县村，租下了旧县村 6 幢老宅子，租期 20 年。本着"修旧如旧"的原则，伊恩通过艺术设计，将老宅改造成更适合现代人居住、中西结合、风格独特的老宅子，名为"秘密花园"。"秘密花园"里没有太多华丽的装饰，而是让旧东西物尽其用。其中的一面旧墙上镶嵌着破碎的旧碗，每个碗都有不同的颜色、不同的形状，还有的碗上印有具有时代气息的"毛主席万岁"等标语；又有一面特别的五星红旗，是以铁皮制作的；还有破旧的、被做成储物箱的米桶，用斗笠、蓑衣做成的挂饰；等等。这些旧物让"秘密花园"饱含历史气息的同时兼具艺术价值，使其成为旧县村里古民居保护的现实标杆。

旧县村史馆

旧县村史馆于 2019 年 11 月建成开馆，以"旧县人文史"五字为主线，串联"一座旧邑""十里县宇""百世人和""千古文章""万载史册"五个板块，将旧县村 1400 多年的历史融入方寸中，充分挖掘村庄历史、民俗、古建筑、古文物、历史文化名人等文化积淀，通过文物、图片、文字等形式，结合旧县村传统特色民俗和地方特色饮食文化，展现一幅壮美的旧县历史人文画卷。

渔　村：

烟雨朦胧　水墨村庄

江作青罗带，山如碧玉簪。五指峰下，剔透青碧的漓江宛如绸带，环抱起一座三面环山、一面临水的古老村落——桂林市阳朔县兴坪渔

"江作青罗带，山如碧玉簪"的漓江风光

村，后又于群山中蜿蜒绵亘而去。江上游船络绎不绝，村内碉楼高耸、街巷规整、屋舍有序，对岸重峦叠嶂、风采各异、动人心弦，足以道一句：诸山环野立，一水抱村流。

渔村这个古老的村庄建于明正德年间，至今已有400多年的历史，坐落在距兴坪古镇约1.5公里外的漓江边。到了兴坪古镇的人们，都会来到渔村这个诗情画意的古老村落。村里有传统民居48座，至今仍保存完好。整个传统民居建筑群占地1.5公顷，居高而望，是大片的青砖黑瓦、坡屋面、马头墙、飞檐画栋雕花窗，具有典型的中国明清时期桂北民居特色。2012年，兴坪渔村被列入第一批中国传统村落名录。

随着时代的变迁，渔村依旧是旧时的青石板路，村前漓江环绕、村后奇峰雄起，村中却有了格外不同的变化，人声鼎沸，车水马龙，游人如织。万年戏台虽已没有了戏剧表演，但仍在向游客诉说它的繁华喧闹。渔村，这个秀美江景旁的古韵小镇，吸引着世界各地的游人慕名而来，向游客们展示它古朴的魅力。

串起村落的巷道与民居

渔村民居建筑布局精巧合理，巷道多为长巷道，贯通着渔村的每个空间，主次轴线分明，主轴线是厚实的石板路，两旁石墙高竖，整个村子的巷道与建筑依次开枝伸展。

村口"东南保障"四字的入口是渔村构架的起点。渔村往来行船走南边的水路，村东面还有一条穿行的道路，守住这两条路，即东边、南边皆有保障，取其趋吉避凶之意。"东南保障"后面，就是渔村小学。据村里的老人说，这里本是渔村赵氏家族的祠堂，民国时期改为

村口的"东南保障"刻字是渔村的起点

渔村"一笑"

小学。"振国振村进学堂，贪玩贪耍往它去"，至今，渔村小学考上大学的学生不下60个。从渔村小学再往里走，有一条设置了门楣的巷子，此门由木石构成，门楣上有乾卦和坤卦，分别象征天和地，与居住于屋子中的人"三才"合一。顺着笔直的巷道往里，有一处巷门，上方有白底黑字的"一笑"，非常醒目，字为行楷，苍劲有力。村中的老人说，这座房屋是清朝时建造的，当时屋主的爷爷已经九十高龄了，于是在门头上写了"一笑"两个字，象征"笑一笑十年少，百年不老"。

　　再往里，就是一座座高低错落的明清时期桂北民居了。渔村曾交

通闭塞，因而民居建筑保存相对完整。渔村的房屋多为清朝至民国时期建造的，与兴坪古镇上的古建筑风格相近，围合式的院落，青砖黑瓦，坡屋面、马头墙、飞檐、画栋、雕花窗，鳞次栉比，结构独特，整体高大，内部开间宽敞。

渔村房屋的飞檐

渔村的房屋一般都是两层的楼房，青砖灰瓦砌筑工整

门当上雕刻的阴阳八卦

细致，临街处设置有木质内阳台。进入门屋后，迎面而来的是照壁，绕过照壁便是通透的天井。以天井为中心布置有堂屋、厨房、卧室等功能房间，多为三间两进院，具有典型的明清时期桂北民居特色。各组建筑雕梁画栋，青瓦之下是绘制了繁复花纹的房梁、门楣、廊柱和飞檐，做工精妙的雕花门窗安置其中，仿佛是融入了房屋结构的艺术品。值得一提的是，每座民居的门当都包含不同的祝福与祈盼：书香门第常对应阴阳八卦，达官显贵则对应麒麟，还会雕刻象征福、禄、寿、

喜的象形动物与吉祥文字。

不以"渔"为生的渔村人

　　渔村坐东朝西，村前漓江秀丽、清澈明净，村后奇峰迭起、层峦叠嶂，是传统理想的居住地。说起渔村历史，渔村老人如数家珍：因此地有七个鱼塘，曾名鱼塘洲，故 1950 年发展自然村的时候改名为渔村。而非外界人所认为的，渔村人以渔为生，故起名渔村。

　　如今渔村人多以种植为生，成了名副其实的果农。

　　村中种植最多的是沙田柚，每年产量有数千吨之多。沙田柚需水量较大，喜欢温暖潮湿的气候环境，渔村的土地非常适宜种植沙田柚。渔村村民经过多年的尝试，才找到适合渔村种植的品种。

　　广西的沙田柚是驰名中外的优良品种，具有香气，果肉清甜，有蜜味，因此有稳定的销量，维持着渔村村民的经济收益。每当柚子收成时，就是渔村人最忙碌的时候。

渔村的沙田柚

柚子丰收的年份，可以让一家人过上一个好年。

傍晚，村中人采摘完柚子，家中就升起了炊烟——渔村人仍多采用柴火烧灶这一随着时代发展而渐逝的朴素烹煮方式。自己种植的木瓜，漓江里的小鱼，便是渔村村民的日常食物。因为渔村的特殊地理位置，陆路几乎无法通行，外出只能依靠水路，也正是因为隔绝了喧嚣，渔村人才能依然维持着这样质朴的生活方式。

当然，依水而居的人自有与水共生的智慧。生活在江边的渔村村民至今仍然保留着竹筏捕鱼、江边洗衣的生活方式，依靠着漓江之水养育着这一代又一代的人，也维持着漓江原有的生活气息。400多年前，生活在阳朔的渔民开始驯养鸬鹚来捕鱼，每当夜幕降临，他们就乘上竹筏，亮起火把，带上几只鸬鹚去捕鱼。

风水宝地出风华

渔村在兴坪古镇中被当地人公认为一块"风水宝地"，常出风华人物。渔村历史上的将官、富绅不在少数，明清时期培养了6名进士，还有多位举人。历史流转，渔村独特的文化底蕴已经成为一笔宝贵的历史文化资源。近代以来，孙中山、克林顿的造访更让渔村这"风水宝地"之名蜚声中外。

渔村人赵丹瑶是黄埔军校一期生，是孙中山先生忠实的追随者，一直跟着孙中山先生开展革命工作，最后战死沙场，被追授为少将师长。1921 年冬，为了建立北伐大本营，时任中华民国非常大总统的孙中山先生带领 300 多艘船队一路北上时，途经桂林，特意来到赵丹瑶的故土兴坪渔村，宣传他的革命思想。

造访渔村时，孙中山先生还登上了渔村的天水寨。在天水寨，他被此处秀丽的山光水色所折服，亲笔题下"天水寨"三字。"天水寨"是渔村"风水宝地"的旁证之一。它建在与五指山相连的马颈山之间，东南两侧设有寨门，四周皆悬崖峭壁，仅有一条小路可通，地势十分险要。传说清咸丰年间，渔村富豪为躲避战乱与匪患，斥资建造了天水寨。寨中有两眼水井，四季不涸。因天地形成的庇护及天水寨的守护，渔村曾经是一个天然的堡垒，传说还有达官显贵曾为择贵地迁此。

1998 年 7 月，时任美国总统克林顿及夫人一行，从桂林乘船而下，到达兴坪渔村参观访问。漫步渔村，走过几条幽静巷道，克林顿忍不住驻足欣赏，看着高低错落的桂北民居、精巧雅致的雕花门窗，感叹道："中国人民的生活将越来越好，生活变得像鲜花一样美好。"

青色的烟雨笼罩，薄雾裹挟中，青砖长巷两旁苍绿的树木若隐若现，渔村周围的青山像是从水墨画中浮现出来，薄雾是晕开的墨迹，青和淡灰色渐变出群山的秀丽和情韵。如今的渔村，经过历史的沉淀，已然游人如织，名扬天下。

延伸阅读

民族民俗

跳大头狗

在渔村，元宵节有不同其他地方的欢庆方式——跳大头狗，也称大头狮子。由两人共同操作，分别在一尊面似狗头的神兽前后，一人舞头、一人舞身，神兽正中有独角，专吃鞭炮，寓意除暴安良、富国强兵、平安幸福。

兴坪庙会

农历九月十九日是兴坪的传统节日——兴坪庙会。据传这一天是观音修行成功的日子，因此每到这天当地群众都会自发举行祭拜活动，久而久之便形成了兴坪的习俗，已有近400年的历史。

漓江渔火，一山一鸬鹚

"漓江渔火"是渔村特有的风光，以鸬鹚、竹筏为主要元素，既是漓江上渔家人的传统渔事活动，也是"桂林山水"的代表画面。漓江山美水亦美，才出现了"漓江渔火"这一积淀千年历史的人文民俗景观。夜幕下的漓江，竹筏上一盏昏黄灯光，把游鱼一一吸引过来，鸬鹚借着灯光捕获游鱼，与奇山秀水相融成一幅奇妙景观。在流传已久的"阳朔八景"中，就有"漓江渔火"一景。

旅游景点

渔村塾馆

渔村中有一组三进三开间的塾馆，这是渔村人集资修建的一组建筑，设于村东北，背靠五指山峰，屋边有泉水缓慢沁过。其与众不同的是侧开的门楼，闹中取静，让此地读书的学童免受外界侵扰。塾馆采用同色的青砖铺砌，飞檐翘角，精雕细镂，高低错落的建筑立面，可以看出渔村人对文化的崇尚。

20元人民币的图案——九马画山

兴坪古镇中，最著名的景点要数九马画山了——这里有被印制在1999年版20元人民币背景图案上的兴坪大河背秀丽风景。九马画山位于兴坪镇西北，山高400余米、宽200余米，石壁如削，壁上彩纹斑斓，远望如画屏，近看山壁石纹纵横交错，依稀可辨群马形象。据说，周恩来总理当年游漓江时于此处看出了九匹马。清代诗人徐沄曾赋诗赞叹：自古山如画，而今画似山。马图呈九首，奇物在人间。

兴坪古镇

历经1700多年岁月沧桑的兴坪古镇蕴积了浓厚的桂北风情，拥有秀甲天下的自然风光与深厚的历史人文。其包括以漓江精华风景段为代表的山水自然风光游，以渔村游为代表的民居民俗风情游，以莲花岩为主的岩溶风光区等。

扫码探秘传统村落

下古陈村：

神秘坳瑶　鼓不离舞

下古陈村位于来宾市金秀瑶族自治县，坐落于大瑶山主峰圣堂山脚下，北靠五指山，南依古陈河，东邻上古陈相，西接泗水，是一个

延绵的大瑶山山脉

大瑶山下的下古陈村

有着600余年历史的古村，也是金秀瑶族五个支系之一——坳瑶的聚居地，素有"广西唯一的坳瑶生态博物馆"之称，是我国乃至世界瑶族研究的重要基地。下陈古村2013年被列入第二批中国传统村落名录，2015年被列入第一批广西传统村落名录。

百年瑶寨，繁衍至今

相传下古陈村先祖原系贵州龙魁人，明末清初迁至广西百色、南宁，桂平、平南沿江的大湾、思旺一带，后部分坳瑶从东南面进入大瑶山区，至此集居，繁衍至今。

下古陈村寨门

下古陈村古寨门

下古陈村的坳瑶古民居，保存完好。用黄泥稻草夯实而成的百年古寨门，古朴温润，古香古色。

坳瑶人以山为本，房屋顺山势构筑，大多垒筑石块为基，以石块、黄泥土、草筋砌墙或直接夯筑泥土为墙，以木架瓦。民居一般设两层，上层为

错落有致的古民居

楼，下层分厅堂、卧室和厨房，外设禾仓和畜栏。巷道、围墙、菜园护栏等多用石头垒砌。一间间符合当地居住环境的民居，高低错落，在周围高山

坳瑶民居

的映衬下，形成了一道独特的人文景观。

坳瑶民居中幽静的石梯

才子佳人，瑶山绝恋

费孝通先生，中国社会学和人类学家，一生钟情瑶族文化，与下古陈村结下了深厚的不解之缘。费孝通先生第一次瑶山行的最后一站，便是下古陈村。费孝通先生与新婚妻子王同惠女士感人的故事至今仍在村内传颂。

1935 年，广西政府国民普及基础教育研究院成立了特种民族课题研究组，主要研究苗、瑶、侗、壮等少数民族。1935 年 8 月，费孝通、王同惠作为课题组成员在新婚的第 4 天前往广西。辗转 2 个月后，费孝通夫妇于 1935 年 10 月 10 日到达大瑶山。当时的大瑶山山高路险、人烟稀少，进山十分

费孝通纪念馆展示的费孝通先生大事年纪

王同惠纪念亭

艰辛。但是，费孝通夫妇不顾艰难险阻，克服重重困难，一边进行社会调查，一边撰写调研报告，调查成果在《北平晨报》和天津《益世报》上连载，受到社会各界的广泛关注。

费孝通为爱妻亲笔题写的碑文

　　1935 年 12 月 16 日，调查组一行翻山越岭抵达罗运乡。翻越五指山冲口处时，已怀有身孕的王同惠疲惫不堪，费孝通便搀扶妻子到一旁休息。谁料就是这次休息，使他们与向导失去了联系。时间飞快流逝，天空逐渐昏暗，急于寻求救援的费孝通发现不远处似乎有户人家，便前往探查，不料失足掉进了猎人捕兽的陷阱。为解救丈夫，王同惠用尽全身力气把压在费孝通身上的石块搬开，并独自冒险下山寻找救援。但不幸终究还是发生了，王同惠坠落到悬崖下山洞的急流中。而这一天，是这对年轻夫妇新婚的第 108 天。村民们根据瑶寨风俗，为王同惠女士举行了隆重的悼念仪式。后来，费孝通先生将爱妻埋葬在梧州白鹤山上，并亲笔题写了碑文。

鼓声悠悠，千年传承

下古陈村有"黄泥鼓之乡"的美誉。黄泥鼓属于瑶族人民心中神圣的乐器，是瑶族文化的象征。

传说中，黄泥鼓是为了纪念瑶族祖先盘王而制作的。据瑶族民间文献《过山榜》记载，瑶族英雄祖先盘王有一天上山打猎，不幸被山羊撞下山崖丧生。儿女们在山下的一棵泡桐树下发现了盘王的尸体。他们悲痛欲绝，遂把泡桐树砍下，锯成七截，制成一个母鼓和六个公鼓的鼓身，并将山羊皮剥下做鼓面，糊上黄泥浆，鸣锣击鼓悼念盘王，狠狠敲击山羊皮鼓面以泄心中悲愤。这一习俗世代流传，保留至今。

长鼓瑶语叫"汪嘟"，两头大，中间小，呈喇叭形。瑶族长鼓的鼓身为木质，两端挖空，蒙以牛皮或者羊皮。坳瑶人在鼓两端的鼓面上糊上一团黄泥，调节鼓音，以掌击鼓时，鼓声便会响得更重、传得更远，于是"黄泥鼓"便成为下古陈村长鼓特有的名称。

黄泥鼓的演奏常与舞蹈相结合，历来就有"瑶不离鼓"之说。黄泥鼓舞多为边击边舞，是一种充满神秘色彩，传达一种远古劳作信息的舞蹈。

黄泥鼓

鼓声和着古老的吟唱，透露出一种古朴优美之感，成为坳瑶独特的民俗文化。2011年，瑶族黄泥鼓舞被列入第三批国家级非物质文化遗产扩展项目名录。

黄泥鼓

下古陈村的黄泥鼓舞以男性为主角。他们或口中念念有词，迈着沉缓的步伐在黄泥鼓声中踯躅沉思；或振臂狂击，鼓声激越，狂野地跳跃；还有的模仿钓鱼、抓山蛙的滑稽动作。但无论如何，那阵阵响亮的鼓声，那和着古老吟唱的舞蹈，都透着一种古拙的

制作黄泥鼓

真善美，黄泥鼓舞
也成了下古陈村独
特的民俗文化。舞
蹈者将黄泥鼓挂在
腰间，右手五指并
拢以掌拍鼓，左手
持竹片敲击鼓面，
左右交替连续击拍，

下古陈村村民演绎黄泥鼓舞

"咚比咚比咚咚比"的声响此起彼伏。同时，再配以舞蹈动作变换节拍，表达不同情感情绪和场景内容，呈现出独特的艺术效果。

　　如今，下古陈村已建起坳瑶生态博物馆，占地面积800平方米，外墙用黄泥、稻草合成的混合土粉刷，是一处集瑶族文化展示、文物与资料收藏、民俗风情展演为一体的综合性场所，讲述了费孝通先生五进大瑶山的历程，也展示了坳瑶原生态的自然风貌和生活习俗。

坳瑶生态博物馆

民族民俗

跳盘王

跳盘王是一种瑶族民间舞蹈，流行于广西瑶族聚居地区，瑶语称"做塘"，逢盘王节表演。相传，古时瑶族有十二人，受官府欺压，逃出祖居地千家峒南迁，乘船漂洋过海时突遇风浪，七天七夜不能靠岸，面临灭族之灾。他们一起跪船头许下大愿，叩请盘王庇佑子孙平安，大风顿止。瑶族人民获生，当即定下敬奉盘王的规矩，跳盘王之俗遂沿袭至今。跳盘王有上香舞、引光舞、请师舞、长鼓舞、铜铃舞、兵马舞等十余舞段。弯腰、屈膝、送胯是其基本舞姿；晃胯摆手、并膝磨转、踹腿转身等动作具有浓郁的山区劳作特色，表现出瑶族历史上刀耕火种情景和生活习俗。其常用锣、鼓、镲、唢呐、竹笛、芦笙等伴奏。

坳瑶绝技——舔火

下古陈村瑶寨传承着坳瑶人引以为荣的古老绝技——舔火。掌握舔火秘诀的人是族人心中最神奇的人，被尊称为师公。只有举行坳瑶特有的节庆活动和镇邪时，坳瑶人才会显示这一绝技。舔火仪式简单而神秘，场面又是那么不可思议。熊熊的火苗在一堆干柴上跳跃着，老师公手里拿着一把锈蚀的老剑，念着古老的咒语，突然从火堆里扯出一根已烧得通红的炭头。他伸出舌头，三下五下把火红的炭头舔灭，自己却毫发无损。

旅游景点

金秀坳瑶生态博物馆

　　金秀坳瑶生态博物馆位于来宾市金秀瑶族自治县六巷乡古陈村，保护范围涵盖上古陈村和下古陈村。该馆的展示与信息资料中心设在下古陈村，占地面积 800 平方米，建筑面积 467 平方米，中心常设基本陈列"瑶山秘境——金秀坳瑶文化陈列"。金秀坳瑶生态博物馆于 2008 年 10 月 20 日开工建设，2011 年 5 月正式建成并对外开放，展示厅共分为五个单元，分别为服饰、秘境生活、歌舞人生、信仰和绝技、心系大瑶山，是一处集瑶族文化展示、文物和资料收藏、民俗风情表演为一体的综合性场所，为保护、传承、发扬坳瑶传统文化以及开发民俗生态旅游搭建良好的平台。它的建成标志着"1+10"广西民族生态博物馆群的基础建设工作圆满完成，其开展的一系列田野调查、影像记录工作，为选择地理环境相对隔绝、经济发展相对滞后、民族文化保存相对完整的地区建设生态博物馆一举做出积极探索。

传统工艺

下古陈村坳瑶服饰

　　下古陈村的坳瑶服饰独具一格。男子留长发、梳髻，髻上插有银质圆形小头针，髻结于脑正中，头缠白布头巾，头巾两端绣有几何图案花纹；衣服多为黑色或深蓝色，大领对襟，缠白色腰带，裤子为唐装。坳瑶妇女喜欢戴竹壳帽，竹壳帽是用崭新雪白的嫩竹壳折制而成，帽上插小圆如星的头针数枚，颈上戴有银环数个，衣过裤，无领，衣沿刺绣有各种几何图案或花、虫、鸟、兽花纹，极为美丽。

坳瑶蝴蝶织绣

坳瑶蝴蝶绣，常见于头巾、衣襟、腰带、背包、鸟砂袋上，这种刺绣因位置、长短、大小略有不同，色彩也时有变化。蝴蝶绣就像五彩蝴蝶一样，色彩非常繁杂，但仔细观察，其色线还是有规律可循。蝴蝶绣用线一般都分主干色线和辅助色线，主干色线一般是一种色线，辅助色线都在两种以上，刺绣时没有图样，直接由刺绣者在平纹布料上用长短针法直接刺绣。

龙腾屯：

百年龙腾　奇特三宝

龙腾屯位于来宾市金秀瑶族自治县桐木镇那安村，因背靠一座长满龙鳞石片、形似腾飞巨龙的山而得名。屯中古建众多，踏入村口台

龙腾屯全貌

阶，那些斑驳的墙壁、微微发亮的青石板路、古井古树，以及袅袅炊烟，共同勾勒出一幅美丽的古村落画卷。

因明末清初战乱之故，梁氏祖先避世于桐木镇。一位叫梁信仰的梁氏先祖来到龙腾屯，发现这里流水潺潺、池鱼腾跃、树茂林密、小鸟啾鸣，遂挑了一处池塘并在前安居，后又搬进林子里，在现在的龙腾村的位置建起了第一座房子。如今，龙腾屯由最初的 1 户人家，发展到现在的 158 户人家，已然是一座有着 400 多年历史的壮族村寨。

龙腾屯始建于明万历四十八年（1620 年），此处小桥流水，芳草萋萋，溪水潺潺，树木蓬勃修长，风景独好。此外村里人文景观亦不逊色，至今仍保留有明清时期建造的梁氏古祠和 40 多座古宅，是目前桂中地区保存较完整、较大规模的明清古村。得益于此，龙腾屯 2015 年被列入广西传统村落名录，2017 年被评为"中国少数民族特色村寨"，2019 年被列入中国传统村落名录，2023 年龙腾古民居被公布为广西壮族自治区文物保护单位。

时光里的明清留影

龙腾屯完好地保留了 49 座典型明清时代风格的古民居。在村中登高眺望，古宅错落有序，其中青石通道相连，前低后高，好似一个八卦连环阵。这些古民居坐北朝南，整体用料考究、做工精细，布局统一，显得十分整齐。虽然每座房屋地基高低不同，但是砌墙的砖体层理却能呈现在同一个水平位置；采用统一的规格烧制砖瓦；房屋四角统一用高 1.5 米青石方柱作墙基，墙体统一采用水磨青砖勾缝。

错落有序的古民居

　　龙腾屯的古建筑家家画栋雕梁，花棂格扇，墙上装饰着花鸟鱼虫或人物的图画，屋脊的装饰和结构因屋主身份地位而异，整体呈现了格调典雅、富丽堂皇的建筑审美。

　　踏过拱桥，由青石板、大石条或大块的鹅卵石铺成的巷道引领着游人步入这座幽静古老的村落。这些小巷狭窄而悠长，道路相通，而且没有十字交叉的，都是呈九十度或"丁"字形的布局，让人容易迷路。据梁氏后人介绍，这样设计是出于安全保卫的需要，是村子里的一道"安全屏障"。

龙腾屯悠长的古巷道

目前，龙腾屯的古屋大多空置，仍保留着原有的样子，挂着字迹模糊的木牌以作说明，静静等待游人来访。

岁月流转中传承梁氏家训

步入龙腾屯，游人第一眼就能看到位于村中心的梁氏古祠。

宗祠作为中国传统文化的重要组成部分之一，不仅是家族祭祀的场所，更是一种家族文化传承的载体和家族身份认同的象征。相传梁氏古祠所在地原是个 1000 多平方米的池塘，池塘中有一头石牛，梁家人将其填平，集合梁氏子弟 40 余人，花费 13 年的时间建起了这座祠堂，以祈求家族平安，强化族人的凝聚力和亲情纽带。

梁氏祠堂为三进式结构，被梁氏族人世代保护着，长久以来保持着传统的明清风格。祠堂正门上悬刻"春台梁公祠"，内有两个天井，用大青石铺就，两侧以回廊连接厢房。祠堂大厅的主要横梁为直径 30 厘米、高 4 米的大石柱，前厅、二厅两侧的山墙均为硬山顶形结构。长条形大青石砌成屋基，青砖砌成墙壁，青瓦盖顶，屋檐及房瓴翘角飞檐装饰，屋椽房梁均

梁氏祠堂正门

梁氏祠堂内部结构

梁氏祠堂官帽形状高墙

有精美雕刻花纹图案，屋脊两侧为官帽形状的高墙。

祠堂里悬挂着的众多牌匾，是梁氏的祖先们中举任官的历史记载，至今仍代表着他们祖辈的荣耀。其中，"进士"匾，代表家族中有科举考试中殿试录取者；"武魁"匾，代表家族中的习武之人中"武举"。从清康熙年间至民国时期，龙腾梁氏祖辈共出过 62 位文武官员，其中最著名的是祖孙三代均为五品官，在桂中大地实为罕有，可谓人杰地灵。

祠堂中，还保留着梁氏家族的族谱。祠堂中竖立两根大柱子，柱身各有 12 个字，这 24 个字就是梁氏家族辈分的排列顺序，据说现在已经用了 17 个字，说明自 1620 年梁氏祖宗仁达公携妻女至此，已经传承 17 代了。

梁氏宗祠是梁氏家族对自己身份认同的象征。文献资料记载，古时有许多自广东、福建、江西等地迁入的客家人。龙腾屯村民认为，他们的梁氏始祖就来源于广东南海的珠玑巷，在此处落地生根后，一直地延续着客家人的习俗和家族的传统。因此，梁氏宗祠的建立和维护也成为一种梁氏家族自我认同和外部社会认可的方式。

"龙腾三宝"保平安

来到龙腾屯，不得不提"龙腾三宝"，有一句俗语可以概括："东面锣，西面鼓，中间有条回音巷。"

"东面锣"是村东的一块长约 1.5 米、宽约 0.8 米、厚约 0.2 米的大石板。它被架空在石堆上，用小石头敲击，就能发出金属般的敲击声，如铜锣般清脆，因此被称为龙腾的石锣。

回音巷

"西面鼓"是村西的另一块大石，用小石头敲击，发出的声音浑厚、短促，有如打鼓，耳力甚佳者甚至能在 1 公里外听到，这就是龙腾"三宝"中的"西面鼓"。石锣和石鼓在古代是保佑平安、祈愿纳福的象征。

"回音巷"是通入村中的一条巷道，这条小巷长约 100 米，大青石路面，两边是古老的青砖墙。当人走在巷中说话时，能听到很大的回音。这便是回音巷的奇特之处。几百年来，无论周围自然和人文环境如何变化，回音巷一如初始。

远处的青山和近处的小溪如诗如画，整洁的村容村貌让这个村庄显得既朴素又清新。时间更迭，岁月流转，村中的祠堂、古建筑见证着龙腾屯不断地发展与演变，见证着它的繁衍生息，见证着它的传承与保护。

延伸阅读

民族民俗

摆迓圣

每年元宵节，龙腾屯所在的桐木镇都有一个热闹的传统民俗——"摆迓圣"，又叫作"迓圣节"，起源于明朝，一般是三年一大祭。这是当地人一年之中最期待、最看重、最热闹的民间传统节日之一。

何为"摆迓圣"？"摆"是摆放贡品，"迓"是迎接，"圣"是指财神等神仙，因此"摆迓圣"其实就是迎接神仙到来的节日。每逢"摆迓圣"，村民们都要举行祭拜甘王、雷王和财神等神灵的仪式，以祈求新年人丁兴旺、老少平安、健康长寿、发财添福，也祈愿人间风调雨顺、国泰民安。

旅游景点

月皇岭及甘王庙

月皇岭位于金秀瑶族自治县头排镇，距龙腾屯20公里，323国道于山脚下蜿蜒贯穿而过，交通十分便利。月皇岭海拔970米，山峰险峻，郁郁葱葱，风景秀丽；山顶处有一座庙宇叫甘王庙，甘王庙后面是堆骨峰，峰顶上留存有古代战争工事遗址——烽火台。甘王庙里供奉着甘王爷，香火长年不断。尤其是每年农历八月十四、十五这两天，通宵达旦，毗邻的市、县及广东、福建等地都有人自发前来甘王庙朝拜进香。

据清同治版《象州志》记载，甘王姓甘名佃，又名罗应，南北朝时南朝象州古车村（今金秀瑶族自治县大樟乡古车村）人。甘佃自幼机勇过人，身怀奇术。北魏兵马入侵时，南朝皇帝下诏征兵，甘佃应诏出征，屡立战功。凯旋后，南朝皇帝封甘佃为护国将军，宋朝时加封惠济侯，元朝时加封惠济显应公，明朝时加封王号，清朝时加封威灵王。能连受几朝皇帝加封的英雄人物在中国历史上是少有的。清乾隆皇帝给予甘王极高评价。御笔亲书曰：西粤无双士，南朝第一人。甘王生前为国为民立下汗马功劳，后人建庙纪念他，以表达各族人民对这位民族英雄的崇敬和爱戴。

莲花山

莲花山位于来宾市金秀瑶族自治县桐木镇，距龙腾屯33公里，约40分钟车程。因群峰耸立，远远望去，整座山体酷似一朵含苞欲放的莲花，因此而得名。景区面积约23平方公里。景区内风光绮丽、丹峰碧水、朱崖绿树、四季如春，山谷、云海、日出、幻雾、古树等自然景观交融在一起，形成了秀美、飘幻的奇景，主要有石林仙都、石门、盘王遗韵、杜鹃花林等景点。

圣堂山

大瑶山主峰圣堂山，又名圣塘山，位于来宾市金秀瑶族自治县西南部，距龙腾屯65公里，约1小时车程。圣堂山群峰林立，直插云天，山峰海拔均在1600米以上，主峰海拔1979米，巍峨险峻，被称为"桂中第二峰"，也是金秀大瑶山自然风光精华所在。主要观赏点有：出云峰、神女峰、雾锁重山、石桥神韵、神秘石墙、云海、古冰川遗迹、飞瀑等。圣堂山由泥盆系紫红色砾岩和砂石组成，经长年累月的自然力的作用和地表水侵蚀、风化、切割，崩解为朱崖壁立、丹峰挺拔、峡谷幽深的大瑶山丹霞式刚棱削面塔柱地貌。

广西大瑶山国家森林公园

大瑶山国家森林公园位于金秀瑶族自治县境内的大瑶山山脉中段，距龙腾屯 40 公里，总面积为 11124 公顷，始建于 1997 年 12 月。大瑶山国家森林公园地处南亚热带和中亚热带过渡地带，植被类型丰富，珍稀动植物繁多，具有雄、奇、险、秀、古、野等景观特色。园区内生存有世界动物活化石"瑶山鳄蜥"和世界植物活化石"银杉"，被称为广西最大的"生物基因库""天然植物园"。

丰富物产

大瑶山甜茶

大瑶山甜茶是金秀瑶族自治县（大瑶山）特产之一，是一种天然的甜味饮料。在民间，瑶族人民饮用甜茶已经有几百年的悠久历史。大瑶山野生甜茶甜度高、热量低，茶水呈黄色，滋味甘甜，口感良好，生津止渴，清热润肺，长期饮用对气管炎、肺炎有较好的抑制治疗作用，对糖尿病患者也有明显的保健作用。

灵香草

灵香草又名香草、佩兰、排草等，是一种名贵的芳香植物，也是金秀瑶族自治县传统名贵土特产。其在大瑶山已有 400 多年的栽培历史，具有香味浓郁，留香持久的特点，用于防虫、驱虫有特效，被国内一些专家称为当代驱虫之王。它也是保存书籍、文件、文物及家庭保存高档衣物的最佳防虫产品，相传天一阁正是采用了广西灵香草作为防虫防蛀用品，使得大量珍贵古籍得以完美传世。